OHSAMA BUNKO

「おもしろい!」と思われる話し方のコツ

野呂エイシロウ

三笠書房

はじめに　自分も相手も楽しいコミュニケーションのコツ

もしあなたの目の前にある道が、二股に分かれているとします。

一方は**「おもしろい！と思われる道」**、もう一方は**「おもしろくない…と思われる道」**です。

「おもしろい！道」に進んだ人は、周囲の人たちの心を一瞬でつかみ、**「あの人といると楽しい！」「あの人と話すとワクワクする！」**と、行く先々で愛され、かわいがられ、大切にされるようになります。

その結果、仕事、人間関係、お金、友人、恋愛……など、さまざまな「ご縁」（＝人間関係）と「ご円」（＝お金）が充実し、人生がどんどん豊かになります。

一方、「おもしろくない道」に迷い込んでしまったら、「あの人といても楽しくない……」「あの人と話すと面倒くさい……」と、周囲の人の心が離れてしまいます。

「ご縁」と「ご円」も遠のき、人生が地滑りするように先細ってしまうのです。

どうせなら「おもしろい！道」を行きたいもの。

でも実際には、**自分でも気づかないうちに「おもしろくない道」に迷い込んでしまっている人**が少なくありません。

- **友人同士で盛り上がっているときに、自分の発言をきっかけに、なぜかシラけた空気に……**
- **がんばってプレゼンしているのに、つまらなそうな表情をされる……**
- **商談で「その提案、いいね」と言われるのに、なぜか契約に至らない……**
- **デート中、あんまり会話が続かない……**

この本は、そんな迷い人たちを救うために書きました。

誰でも「おもしろい人」になれる

「うっ、あの、えっと……」

実は僕自身、駆け出しの頃は、会議に出てもこのように何も爪あとを残せず、先輩にドヤされ、会議直前に涙目で出席をドタキャンするほど「おもしろくない道」を突き進む、トホホな迷い人でした。

そのぶん、誰よりもお笑いを鑑賞し、落語家さんの噺《はなし》を耳の穴がもう一つできるのではというくらい聞き、おもしろいと思われるコツを習得しました。

今では、**「おもしろくない道」から「おもしろい！道」にスイッチするコツ**をもとに日々笑いをとり、バラエティ番組の構成を30年以上続けています。

また、習得したおもしろい話し方を糧に、みなさんがご存知の大手企業を中心に、商品開発など、30社以上のコンサルティングも行なっています。

そうしたノウハウを活かし、この本では、日常のあらゆるシーンで相手の心を鷲づかみにするための方法を具体的に紹介しています。

中には、**ヤバい局面を切り抜けるための禁じ手**も仕込んだので、くれぐれも悪用は厳禁です（笑）。

誰も傷つけずにウケる方法

昨今は、**コンプライアンスやハラスメント、SNSの炎上など**、特に上の世代にとっては、何かときゅうくつな時代でもあります。

とは言え、自分を押し殺して当たり障りのないことばかり言っていては、おもしろくない人と思われるだけで、その他に何の印象も残せません。

時には、**毒舌や冗談が「人間関係のいいスパイス」**になることもあります。

たとえば、僕は作家仲間から新刊著書をいただくときに、わざと

「素敵な鍋敷きをあざっす！」


などとすっとぼけることがあります。

場合によっては、不適切極まりない言い方です。でも、本書のコツを活かせば、**「そんなバカなことを言うのは君しかいない！」と逆に喜んでもらえます。**

誰が言っても同じテンプレのような言葉はまったく印象に残りませんが、たとえバカな発言でも、その人らしい言葉のほうが人の心に残るもの。

こんな世の中だからこそ、**「自分も相手も楽しいコミュニケーション」**のテクニックでみなさんのお役に立てれば、こんなに嬉しいことはありません！

野呂エイシロウ

もくじ

序章　きゅうくつな時代だからこそ「不適切にならずに」ウケる方法

1章

おもしろい！話し方で「初対面」から盛り上がる

2章

おもしろい！話し方で

「雑談力」が上がる

「お手つき」になってしまいそうなときは

3章

おもしろい！話し方で

「友人や恋人」に愛される

4章

おもしろい！話し方で「仕事」もうまくいく

5章 おもしろい！話し方で「何でも話のネタ」になる

編集協力／轡田早月

序章

きゅうくつな時代だからこそ

「不適切にならずに」ウケる方法

もっと「冗談」を言っていい！

調子がいいときは人間関係が円満でも、どちらか一方がピンチになると、そのバランスが微妙に変わってくることがあります。

僕が人と関わるときに大切にしているのは、**「相手がどんな状況でも、態度を変えない」**ということです。

数年前、僕が懇意《こんい》にしていたクライアント二人が、自身のスキャンダルでボコボコに叩かれ、一人は左遷、もう一人は会社をクビになったことがあります。

そうすると、今までスリスリしていた人はサッと離れていき、親しい人たちもどう励ましていいかわからず、ハレモノ扱いするようになりました。

ハレモノ扱いせず、毒舌で励ます

でも、僕は彼らとデコピンしあえるような仲だったので、「朝飯でも食おう」と高級ホテルに呼び出し、ゲッソリ顔で現われた二人をこう言って歓迎しました。

「スキャンダルでお騒がせのみなさん、おはようございます。どうせ朝からヒマでしょ。シャンパンでもいかがですか?」

「お前はホントにひどいやつだなぁ」と二人はあきれつつ、朝からわいわい乾杯して、帰る頃には「今日は人生最高の日だ!」と元気になっていました。

また、病や老いや死に対して、妙に気を遣って触れないようにする人がいますが、それが優しさとは限りません。

あえて普段通りの距離感で接するほうが、相手をいたわる気持ちが伝わることもあります。

たとえば僕は、高齢の両親に会うときも、「元気にしてた?」などとしおらしいことは言わず、**「お、まだ生きてるね」**などとうそぶいています。

辛辣なのに好かれる人

昨今、おもしろいことを言おうとして、かえって失言につながったり、誰かを傷つけてしまったりするケースが増えていると聞きます。

その主な要因としては、コンプライアンスやハラスメントに対する世間の風当たりが厳しくなっていることもあるでしょう。

ただ一方で、**「自分がおもしろいと思われればいい」**と、独りよがりな考え方をする人も増えているように感じます。

「2022年度アカデミー賞」授賞式の壇上《だんじょう》で、俳優のウィル・スミスが、妻の持病による外見をジョークでいじったコメディアンを平手打ちした事件がありました。

暴力に訴えるのはともかく、まったく関係性のない相手や、距離感のわからない相手から、いきなりひどいことを言われたら、いつの時代でも人は傷つきます。

僕は、実家を出て30年以上たちますが、いまだに両親にほぼ毎日電話をしています。また、東京の自宅から実家までは、新幹線を利用しても片道1時間半かかりますが、月に一度は顔を見せに帰るようにしています。

憎まれ口を叩きながらも、「こんなバカなのによく育ててくれた」「大学まで行かせてくれてありがとう」と伝えているのです。

つまり僕と両親や、先述のクライアント、「はじめに」でお話しした著者仲間の間には、きちんとした「関係性」や「信頼感」が出来上がっているのです。そして何より、僕が軽口を叩くのは、**「相手に喜んでもらったり、元気になってもらいたい」**からです。

思ったことが言いにくい不自由な時代ではありますが、だからと言って、「じゃあ、もう最初から関わりを持たない」と慎重《しんちょう》になりすぎるのは寂しいですよね。

本章では、こんな時代だからこそ知ってほしい**「不適切にならずにウケる方法」**をご紹介していきます。

もっと「距離感」を詰めていい！

軽口を叩いても許される関係性を築くためには、他愛もないことで構わないので、普段からその人と**「コミュニケーションの回数を増やす」**努力をしておくことです。

これは何も、たくさん話しかけろという意味ではありません。

いつもなら一往復で終わる会話のキャッチボールでも、**少し工夫するだけでその回数を増やすことができます。**

たとえば僕は、仕事柄、お菓子の手みやげをいただくことが多いのですが、一人では食べきれないので、後輩にあげることがよくあります。

その際、「よかったら食べて」とひと言だけで済ませるのではなく、

「お客さんからのもらい物でお礼を言わなきゃいけないから、どんなお菓子が入っていたかわかる写真をあとでもらっていい？」

などと伝えます。こうすることで、手みやげのおすそ分けも「コミュニケーションの回数を増やすツール」にすることができます。

相手としても、余ったものをただ横流しされるよりは嬉しいはず。実際に写真をもらったら、**「ありがとう。お客さんには内緒にしておいてよ」**などと伝えれば、相手と秘密を共有することにつながり、さらに親密感が増します。

マルハラ。も「おもしろさ」で解決！

たとえば部下から「電車が遅延して、出勤が少し遅れそうです」と連絡があっ

たとき、

「承知しました。」

とコメントの最後に「。」をつけて返事をすると、若者は怒っているような印象を受けて怖いと感じることがあるのだとか。

これは**「マルハラ。」**と呼ばれる現象で、絵文字やＬＩＮＥスタンプに慣れ親しんだ若者特有の感じ方です。

このように世代間の違いが取りざたされると、「マルをつけて怖がられないようにしよう」や「絵文字がイタいおじさん・おばさん構文にならないようにしなきゃ」などと、若い世代に忖度《そんたく》してしまうこともあるように思います。

でも、世代が違えば、感覚が違うのは当たり前。

僕も若い頃は〝新人類〟と呼ばれて上の世代から宇宙人みたいに言われていま

したが、世代差なんて早く生まれてきたか、遅く生まれてきたかの違いだけで、基本は同じ人間です。

ムリして迎合したり、知ったかぶりをしたりせず、わからないことは若い人たちから素直に教わりましょう。

「承知しました。問題ないので、気をつけて出社してください！」

などと返事をした上で、部下が出社したら**「さっきのマルハラになってないかな？」**などと聞いてみてはどうでしょうか。

相手は遅刻しても安心することができますし、何より絶対にウケます（笑）。

結果として、コミュニケーションの回数も増やすことができます。

世代間の違いを感じたときこそ、コミュニケーションの回数を増やすチャンス。

ぜひ実践してみてください。

もっと「食事に誘って」いい！

コンプライアンスに厳しい今の時代は、食事に誘うときもパワハラやセクハラにならないように気をつける必要があります。

たとえば、仕事帰りに新人の後輩を食事に誘うとします。

「このあと食事に行かない？」とストレートに誘うと、相手はいきなり「誘いに応じるか」「断るか」の選択を迫られてビビります。

上司や先輩の誘いは断りにくいので、いきなり食事に誘う前に、一段下がって**「誘ってもいいかどうか」**のお伺いを立てるとよいでしょう。

・もしこのあと時間があれば、食事に誘ってもいい？
・おなかすいたら、連絡ください

と言うと、相手を尊重した印象になるので、圧迫感を与えません。

誘われる前に心の準備ができるので、相手が快く誘いに乗ってくれる確率が高くなります。

「行きたい！」と思わせる極意

誘うときにやってはいけないのが、いきなり相手の予定を聞くことです。

「このあと時間ある？」「今週はいつ空いてる？」などと予定を確認してから、「空いてるなら食事に行こう」と誘うと、相手は断りたくても断れない状況に追い込まれます。場合によってはパワハラとも受けとられかねません。

このように、断る逃げ道をふさぐ「あと出しジャンケン」のような誘い方をすると、「ズルい人だな」「無神経な人だな」と思われて警戒されます。
食事に誘う際の鉄則は、情報をあと出しにせず、**「①誘う理由　②日時の選択肢　③所要時間　④店の選択肢」**をすべて明確に伝えることです。たとえば、

「いろいろ助けてもらっているから（①理由）、**よかったら来週平日の19時以降に**（②日時の選択肢）、**2時間ほど**（③所要時間）、**〇〇か△△**（④店の選択肢）**に誘ってもいいかな？」**

と具体的に伝えると、相手も安心して誘いに乗れます。

美味しい「寿司」か「焼肉」を知っていると尊敬される

（お酒をたくさん飲まされるんじゃないか……）
（帰るタイミングを切り出せず、長居させられそうだ……）

特に、世代の異なる相手から食事に誘われることに慣れていないZ世代の若者たちからは、このように警戒されることがあります。

気持ちよく参加してもらうために肝心なのは**「店選び」**。

具体的には、「大衆居酒屋」などを避け、**「寿司や焼肉の人気店をチョイスする」**のが得策です。

リーズナブルな店で食事することが多い若者にとって、美味しい寿司屋や焼肉屋を知っているオトナは「ひときわカッコよく見える」ことでしょう。

寿司屋や焼肉屋は、純粋に食事を楽しむ場所というイメージが強く、たくさん飲まされたり長居させられたりする心配もないので、安心感を与えることができます。

複数の後輩を食事会に誘う場合は、彼らのリーダー格にフォーカスすること。

個別に誘うより、リーダーに声をかけて、みんなに伝えてもらうほうが、集まりが圧倒的によくなります。

もっと「ホンネ」でぶつかっていい！

「オレが20代だった頃は、こんなもんじゃなかった」

「最近の若者は根性が足りない！」


食事の席で最も嫌われるツートップは「説教」と「自慢話」です。

酔っぱらった年長者から一方的にワーワー言われ続ける食事会なんて、地獄以外の何物でもありません。

せっかくの食事もお酒も人間関係も、一気に不味《まず》くなってしまいます。

あとを引かない苦言の呈し方

もし苦言があるなら、**「食事やお酒が運ばれてくる直前にサクッと済ませる」**のがポイント。

たとえば僕は、連日遅刻が続いているＡＤ（アシスタントディレクター）さんに注意したいことがあるときは、こんなふうに伝えます。

「乾杯したら仕事の話はしないから、先に言っておくね。また遅刻するとプロデューサーが多分怒ると思うから、気をつけたほうがいいよ」

そして食事やお酒が運ばれてきたら「いただきます！」「乾杯！」で、あとは無礼講《ぶれいこう》。飲みながらのグダグダ説教よりよっぽど気遣いが感じられ、相手の心に沁《し》みます。

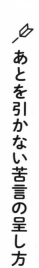

また、あなたが一番の年長者で、他のメンバーがみな若手という場合、必ずしも最後までいる必要はありません。
場が十分に温まったら、次のようにユーモアも織り交ぜて言ってみてはどうでしょうか。

「僕はここで失礼しますが、ここまでの分は支払いを済ませたので、このあとはみんな自腹でどんどんシャンパンでも開けて盛り上がって！」

そんな気前も引き際もいい上司のほうが「カッコイイな」と思われます。

気持ちよく恩を施す、施される

年長者になると、後輩におごる機会が多くなりますが、僕はこれを、人に受けた恩を別の人に返す**「恩送り」**の一種だと思っています。

僕が駆け出しの放送作家で貧乏だった頃、テレビ関係の先輩からよくこんなことを言われ、心ばかりのポケットマネーをいただくことがありました。

「美味しいものを食べないと、楽しい原稿が書けないよ。君がいい原稿を書いてくれて視聴率が上がれば、オレたちだって潤《うるお》うんだから気にするな」

当時は涙が出るほどありがたかったのですが、いつか一人前になったら必ず返そうと思い、もらったお金の額を律儀《りちぎ》にカウントしていました。

そして放送作家として十分食べていけるようになったとき、その先輩に「今までありがとうございました」と頭を下げ、お金をまとめて返したのです。

すると、いつもニコニコしている先輩が、憮然《ぶぜん》とお金を突き返して言いました。

「オレに返すな！　そのお金は君の後輩たちを助けるのに使ってくれ」

だから僕は、かつて先輩に受けた恩を返すつもりで、後輩にご馳走しています。
きっとあなたも、「ここは自分が勘定する」と申し出ると、後輩から「そんな、申し訳ないです。自分も払います」と断りの姿勢を見せられることがあるでしょう。

「ここはいいから。代わりに、後輩が入ってきたらご馳走してやってくれ」

とサラリと言えると、相手も気持ちよくおごられることができます。
「食事をおごってやる」という上から目線は相手を威圧しますが、「恩を送る」と考えると、相手にもその気持ちが伝わるのではないでしょうか。

もっと「断っても」いい！

「上に掛けあってもらえませんか？」
「○○さんとつないでもらえませんか？」

一つの職場やコミュニティに長年属していると、その中で自分の権限が大きくなってきたり、パイプが太くなってきたりするもの。

すると、後輩世代からこのように頼まれる機会も増えてくることでしょう。

業界のことを知り尽くしたあなたにとっては、「こんな案件、１００％通らないだろうな……」と思える頼みごとを受けた場合、どう対応しますか？

どうせ見込みがないのだから、最初から断ったほうが手間が省けますよね。

ただ、その場ですぐに断ると、相手は目の前でシャッターをガシャンッと降ろされたように感じて、不信感を抱くかもしれません。

ムリ案件でもいったん受ける

「難しいとは思いますが、先方に一応聞いてみますね」


僕はそんなとき、腹の中で「これはないなぁ」と思っていても、決してシャッターを閉ざしません。

このようにいったん引き受け、ダメ元で先方にメールします。

当然、先方から断りの返信が来るわけですが、それを貼り付けて、**「残念でしたね。お力になれず恐縮です」**と依頼した相手に送ります。

こうしたやりとりは、一見ムダに見えるかもしれません。

でも、このひと手間を加えるだけで、相手から信頼されますし、「忙しいのにありがとう！」と感謝までしてもらえます。

ムリな頼まれごとをしたら、正直に断って恨まれるより、ダメそうでもいったん受け入れてあげるほうが相手から信頼されるのです。

「バズるSNS」の書き方

差別やハラスメントなど、近年はSNSにうっかり書き込んだ失言が原因で、ネットが大炎上することがありますよね。

「口はわざわいの元」と言いますが、SNSの失言は無限に拡散されるので、それまで築いてきた功績も人間関係も一瞬で崩壊させる破壊力があります。

失言で身を亡ぼすのは今に始まったことではなく、戦国時代には手紙の文言一つで切腹になることもあったと言われています。

SNSの失言も、**人生そのものを強制終了させる危険性**があるのです。

自慢話は「トホホな話」とセットにする

昨今話題の「マウンティング」発言。

「どや！」という自慢話をそのまま書いてもバズりませんが、自分のちょっと**「トホホな体験」**を交えて書くと好感度が爆上がりします。

たとえば、**「老後の心配をするやつはバカだ！」**などと書き込むといかにも炎上しそうですが、**「目の前のことに夢中で、老後の心配をする余裕がない」**と書くと好意的に読んでもらえます。

それに続く文章で、「今、どんなことにやりがいを感じているのか」「自分の老後についてどう考えているか」「老後の心配をしている人について」……などを書けばいいのです。

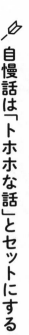

作家の林真理子さんが『週刊文春』で連載している「夜ふけのなわとび」というエッセイは、とても勉強になります。

彼女はエッセイの中で、超高級ワインを空けた話や、人間国宝の着物を作った話など、ともすれば自慢話と思われかねない話をよくしますが、最後はトホホなオチがついて、読者をクスっと笑わせるのです。

ちなみに、サラッと短く書くとただのエピソードとしてスルーされがちですが、やや長めに書くと一つの「コンテンツ」として読んでもらえますよ。

「上から目線の評論家」では嫌われる

「今日のダルビッシュ、ちょっと調子悪かったね」

「話題のレストラン、行ってみたけどイマイチだった」

ＳＮＳで発信するときにやってしまいがちなのが、**「上から目線の評論家」**気取りで語ってしまうことです。これだと反感を買いますし、最悪、炎上します。不用意な発言をしがちな人に共通するのは、「根拠のない上から目線」。

自分一人で食材を調達し、調理し、料理することはできるでしょうか。ファストフードでも同じです。さらに言うと、便利な生活ができるのも、元気に仕事ができるのも、決して当たり前のことではなく、さまざまな人たちの力があってこそですよね。

周囲に感謝があれば、他者を上から目線でディスることなどできないはず。いつもがんばって投げているダルビッシュ選手に感謝の気持ちを込めて、こう言ってみてはどうでしょうか。

「調子悪かったと言われているけど、ドジャース相手にあそこまで投げられるんだから、やっぱりすごい！」

ネガティブな発言が多い中で、自分だけがポジティブな発言をしていると、「おやっ?」と思ってもらえるものです。

僕はたとえ年下の後輩たちしかいなくても、「自分が一番下っ端。彼らがいてこそ自分も成り立っている」と、感謝の気持ちを忘れないようにしています。常に自分が一番下っ端という意識でいると、自分を取り巻くすべての人たちに自ずと頭が下がります。

言葉を変えるには、まず自分自身の意識を変えること。意識が変われば、失言リスクも低減します。

「もし自分だったら……」と考えてみる

有名人の不倫報道があるたびに、SNSで叩く人も多いですよね。

僕は、不倫を肯定するつもりはありませんが、

・もし自分が、あの大谷翔平選手のような男性からお誘いを受けたら……
・自分は、黒木瞳《くろきひとみ》さんのような女性に誘われても、断れるだろうか……

誰かの不倫について噂話をしそうになったときは、こう自問自答してみてほしいと思います（ちなみに僕は、黒木瞳さんに誘われたら、犬走りでお伴《とも》する自信があります）。※個人の感想です

他人のことについてとやかく言ってもバズりませんが、「僕だったら――」と、あくまでも自分ごととして語ると、多少バカなことを言っても許されますし、むしろ多くの人に共感を持ってもらえます。

これも、バズるＳＮＳを書くための戦略です。

1章

おもしろい！話し方で

「初対面」から盛り上がる

「天気の話」でもこんなにおもしろくなる！

「今日も暑いですよね」

顔を合わせたとたん、そう言ってくる人がよくいます。「とりあえず天気の話をしておけば無難だろう」「天気の話は万人向けの鉄板ネタ」などと思っているのだとしたら、大間違いです。

暑い日は、朝からどのチャンネルをつけても、テレビのお天気キャスターが「日中は汗ばむ陽気となりますので、熱中症対策をしてお出かけください」

などと連呼しているので、家を出るまでに既に「暑い」という言葉を耳にタコができるほど聞いています。

さらに、近所の人に会えば「昨日も暑かったですよね」、会社に行っても「連日暑くてまいりますよねぇ」などと、いろんな人から暑い暑いと言われ続けます。

こちらも仕方なく「暑いですよねぇ」と応え続けなければなりません。

もちろん、暑いと言いあってみたところで、涼しくなるわけではありません。

正直、暑い季節に暑い話なんて、みんなもうウンザリなのです。

それなのに、当たり前のようにお天気の話から入ってしまえば、その段階で相手をすっかりシラケさせてしまいます。一度シラケてしまうと、その後どんなに気の利いたことを言っても、ウケる確率がぐんと下がります。

相手の話に寄せていく

天気の話が許されるのは、「お天気ですね、レレレのレ」が持ちネタの、『天才バカボン』の〝レレレのおじさん〟ぐらいのものです。
もし天気の話から入るなら、**「相手に寄せた話し方」**にしましょう。

「Aさんの実家って、東北のほうですよね。連日、暑い日が続いていますが、大丈夫ですか？」

「そうなんですよ！　ゆでダコにならないように気をつけますよ、はははは」

「今日も暑いですけど、Bさんは日焼け対策されていますか？」

「今日は足の裏まで日焼け止めぬったよ〜！」

誰にでも当てはまるお天気話はおもしろみに欠けますが、お天気ネタから相手に紐《ひも》づいた話題に寄せたり、相手をさりげなくほめたり気遣ったりするだけで、相手の食いつきが全然違ってきます。

「くだらない話」ほど印象に残りやすい

暑いときに「暑い」と言うのは簡単ですが、くだらなくても構わないのでプラスアルファがあると、相手は「何だろう？」と意外に思って興味を持ちます。

「今日は超暑いですねぇ。焼きブタにならないように気をつけます」

暑いと普通に言ってもウケませんが、**「場を温めようとする姿勢」**は喜ばれるもの。相手がクスッとなり、距離が縮まります。

お天気話のような当たり前すぎる話をする人は相手の印象に残らず、時間がたつと忘れられがちです。

が、くだらない話ができ、ユーモアやウィットに富んでいる人は、ウケるだけでなく、印象に残るので忘れられにくいのです。

「感想」を聞かれたらあえてツッコませる

「ねえ、『スター・ウォーズ』の新作観た？」
「うん、1作目から全部観てるよ。でも今回のはちょっとイマイチだったね。というのも……」

話題の本や映画の感想を求められたら、自分の感じたことを素直に答える人が少なくないと思います。

自分の感想を真面目に述べることが悪いわけではありません。

ただ、それが本題ではなく、単なる世間話のついでだったり、打ち合わせ中の閑話休題《かんわきゅうだい》的なアイスブレイクだったりしたとき——。

自分の感想をやたらと生真面目《きまじめ》に語っても、「なんか面倒くさい人だなあ……」と、かえって浮いてしまいます。

しかも、相手がまだ映画を観ていない可能性もあります。

「まさかあそこで死んじゃうなんてね」などとネタバレになるようなことに触れようものなら、「この人、超無神経だなあ……」と、マイナスイメージを抱かれるだけです。

ウケる人はあえてボケて間違えたりして、相手に**「ツッコむ隙《すき》」**をたくさん与えます。

ポイントは、相手にあまり深刻に感じさせない言い方を心がけること。

真剣さはもちろん必要ですが、真剣なだけだと、相手との心の距離がなかなか縮まりません。

あえてくだらないことを言う勇気を持つことで、「この人、なんかおもしろくて、憎めないな」と、初対面でも相手との距離が一気に縮まります。

生真面目に返すより盛り上がる！

ポイントは、「スター・ウォーズ観た？」と聞かれたら、「観たよ！　スター・ウォーズのスペルはね、S、T……」などと、「中学生かっ！」とツッコまれるような返しをすることです。

あるいは、わざと勘違いして相手にどんどんツッコませる手もあります。


「スター・ウォーズ観た？」

「もちろん！　スター・ウォーズ・スカイフォールでしょ」

「それ、007じゃん！」

「スター・ウォーズ失われたアークは観たかなぁ」

「それは、インディ・ジョーンズだし！」

「まあ、そもそもウチは、毎日が戦争《ウオーズ》ですから」

などなど、あまり深く考える必要はありません。変にヒネりすぎると、ギャグがスベって墓穴を掘ります。パッと耳で聞いて、相手がすぐにツッコめるような、単純でくだらないボケのほうが盛り上がります。

ただ、こうした反射的なボケは、一朝一夕《いっちょういっせき》にはできません。日頃から、**「いかにくだらないことを考えているか」**が問われます。

単に語呂が似ているだけの意味のない言葉遊びでも構わないので、普段からくだらないことを千本ノックのように言うクセをつけましょう。

コツは、似たような言葉を組み合わせること。一見くだらないことの中に、斬新なヒントが隠れていることもあります。

あまりにもくだらなすぎることは、「これはさすがにバカすぎるだろう」と、切り捨てて考える人が多いのですが、そこに思わぬお宝が潜んでいるのです。

自分と相手の「共通点」に目を向ける

（初対面の相手となかなか打ち解けられない……）
（何か話そうにも、特に話題がない……）

そんな人はまず、出身地や血液型、誕生月、星座などを話題にし、**「共通点」**を探ってみましょう。共通点を一つでも見つけると、心の距離感がスッと縮まります。

「僕は愛知県生まれなんですけど、Aさんは？」

「えっ、私は岐阜です。お隣じゃないですか！　世間は案外狭いですね」

「僕は5月生まれの牡牛座《おうし》なんですが、Bさんは？」

「私は4月ですけど同じ春生まれですね。しかも一緒の牡牛座ですね!!」

こんな他愛もない共通点や類似点でも、それがとっかかりとなって、相手が自然に食いついてきやすくなります。

初対面で、それほど相手のことを知らなくても、こういった共通点や類似点が多いと親近感が芽生えます。警戒心や緊張感もゆるむので、会話のキャッチボールが自然にでき、そこから得た情報をもとに、さらに距離を縮めていけます。

お互いの距離を縮める「突破口」に！

共通の話題に加えて、相手の興味を引く情報を提供すれば、ますます距離が縮まり、初対面でもすぐによい関係性が築けます。

「スピルバーグ映画をよく観ているんですね。僕も好きで結構見てますよ」

「へぇ！　どの映画がイチオシですか？」

「やっぱり初期の『激突！』は外せませんね。すごい低予算で作ったそうですが」

「詳しいんですね。いろいろ教えてください」

仕事でも恋愛でも、こうした共通の話題を入口に、相手の興味を引く情報をさりげなく提供すると、「この人の話はすごく興味深い！」「この人ともっと話したい！」と思われるので、老若男女問わずウケます。

逆に、自分の好きな話ばかりすると、「この人は、自分大好きで、私には全然興味がないんだな」などと思われて、距離が縮まるどころか離れてしまいます。

「お金の話題」には要注意！

「ちなみに、野呂さんって、どのくらい貯金あります？」

特に初対面で嫌われるのは、相手の年収や貯金額を話題にすることです。

僕はあるセミナーでたまたま会った投資会社の営業マンに、名刺交換をして5分もしないうちに、このようにいきなり聞かれたことがあります。

「ああ、貯金どころか借金だらけでね」と冗談で返しましたが、「この営業マンの勧める投資話にだけは絶対乗らないぞ」と内心思いました。

営業や金融関連の仕事をしている人は、資産の話が日常茶飯事なのかもしれません。

しかし、初対面でいきなり相手の懐《ふところ》具合を探るような話をすると、警戒されてかえってチャンスを失います。

「おもしろ動画」をシェアする

「昨日、すごくおもしろい動画見つけたんですよ。猫がなぜかキュウリにビックリしちゃって、ピョ〜ンてジャンプするんですけど、もう、超笑えました〜！」

あなたは、動画のおもしろさを懸命に語る人の姿を見て、笑ったことがありますか？

どんなにおもしろい動画でも、それを見ていない人に対して、オチまで計算しておもしろく伝えるのは、上級の話芸テクニック。

でも、そんなテクニックがなくても、誰でも簡単におもしろさを伝えることができる手っ取り早い方法があります。

話さずに「おもしろい！」と思われる裏ワザ

そう、「シェアすればいい」のです。動画は、説明するより見せたほうが、即座におもしろさを共有しあえます。シェアなら、スマホで動画を見せるだけなので、

「ねえ、これおもしろくない？」

「わっ、おもしろ〜い！」

たったこれだけでウケるのです。

さらに、「その動画、こっちにも送って！」と言われ、URLを送ってあげれば、それだけで「おもしろいものを見つけて教えてくれるおもしろい人」と認知

されます。

実際にそのおもしろ動画を撮ったり作成したりしたわけでもないのに、サクッとシェアしただけで、〝おもしろ枠〟にカテゴライズされるのですから、こんなに楽なことはありません。

「自分はあまりおもしろいことが言えない」と自覚している人は、ぜひおもしろ動画をどんどんシェアしてみてください。

「動物もの」は万人ウケする

（そんな動画、どこで見つけてくればいいの……？）

という人は、ＳＮＳでシェアされている動画やＹｏｕＴｕｂｅのおもしろ動画にアクセスしてみてください。

一度アクセスすると、サイトのほうから類似するおもしろ動画をどんどん勧めてくれるようになります。それらをチェックして、自分で「これはおもしろい！」と思ったものをブックマークしておきましょう。

特に**「犬や猫などの動物もののおもしろ動画」**は万人受けするので、シェアするのにもってこいです。僕もＳＮＳでよくシェアしています。

人気のあるおもしろ動画の多くは、数秒から数十秒で起承転結やオチのある流れになっています。

なにげない日常シーンから、不意に予想外の展開になって笑いを誘う動画をいくつも見ることで、「人はどういうところでウケるのか」というウケパターンが自然と身に付きます。

状況をこと細かに説明しなくても、単純明快な展開でおもしろさが伝わることを如実に実感できるはずです。

「知っている話」でも先回りしない

「僕、昨日、『ミッション：インポッシブル』の新作を観に行ったんですよ。アクションシーンがすごくおもしろくて――」
「ああ、オレなんて初日に観たよ。トム・クルーズが撮影でケガしたっていうシーン、やっぱりすごい迫力だったよね」

相手が何か話を始めたとき、自分も知っているからといって、先回りして相手の言いたいことをペラペラしゃべってしまう人がいます。共通の話題に乗って会話を盛り上げるのはいいことですが、相手にしてみれば、自分が話そうとしたネタを奪われてしまった形になるので、一気にシラケて会話が終わってしまいます。

相手の「話したいネタ」をつついてあげる

もし相手が自分の知っていることを話し始めても、**「え、そうなんですか?」とあまり知らないフリ**をして、聞き役に回りましょう。

一通り相手が話したら、そこではじめて「私もその映画を観ましたが、おっしゃる通り、あのシーンは迫力がありましたよね」「あれは本当に驚いたよね」と、相手の話を受ける形で自分の話をすると、角が立ちません。

会話の中で、相手の好きなテーマや得意な分野がわかれば、

- **へえ、よくご存知ですね**
- **それはいい話ですね!**
- **もっと聞かせてください**

などと、さりげなくそのツボをつくようにしましょう。

そうすると、「この人と話していると、気分がいいな」と思ってもらいやすくなります。

上手に「はじめて聞いたフリ」をするコツ

年配の方は、同じ昔話を何度もくり返すことがあります。

しかし、「その話、もう聞きましたよ」「これで3回目ですよ」などと先回りして指摘すると、相手は「それ以上もう聞きたくない」と拒絶されたような気持ちになります。

昔話をくり返すのが好きなシニアもいるので、「ああ、そのあとこうしたら、こうなって、こうなったんですよね」などと先回りして言ってしまわず、はじめて聞くフリをして、オチまで聞いてあげるのも優しさです。

特に年配の上司やクライアントに、「そのお話は、先日も伺いました」などと言うと、相手は「そんなことも覚えていないのか」とバカにされたような気持ちになってしまいます。

たくさんの案件を抱えている多忙な経営者などは、大勢のスタッフと話をすることが多いので、誰に何を言ったか覚えていないこともあります。

「この話は前にしたかな?」と相手に聞かれない限り、何度同じことを言われても、はじめて聞くような顔をして傾聴《けいちょう》しましょう。

「ちょっとズレた手みやげ」を小道具にする

人見知りな人や話が得意ではない人は、相手と打ち解けるまでのハードルがどうしても高くなってしまいます。

そんな人でも手っ取り早くウケる秘策があります。

「ちょっとズレた手みやげ」を小道具に使うのです。

たとえば、外で待ち合わせをした相手に、いきなり両手に**「アメリカンドッグ」**を1本ずつ持って登場し、「どうぞご遠慮なく。ケチャップとマスタードもありますからね」と、にこやかに差し出します。

両手にコーンの**「ソフトクリーム」**を持って現われ、「よかったらどうぞ」と笑顔で差し出す手もあります。

よかったらも何も、相手は今にも垂れてきそうなソフトクリームを受け取るしか選択肢がないわけですが、一緒にソフトクリームをなめていると、距離感が一気に縮まることうけあいです。

「かしこまったお菓子」より印象に残る！

あるいは、何もおもしろいことを話さなくても、ちょっとズレた手みやげを手渡すだけで、「この人はなんだかおもしろいな」と、〝おもしろい人認定〟されます。

暑い季節は、**「叩くと冷える保冷剤」**をくばりまくるという手もあります。

打ち合わせの席で、お客さんが「今日は暑くてまいったね」などと口にしたら、「実はこんなものを持っていて……」と、ポケットからひょっこり取り出せば、アラ、びっくり。ウケること必至です。

先日は、**「ガリガリ君」**（赤城乳業）を出して大ウケでした。いきなりガリガリ君が難しい場合は、**「クーリッシュ」**（ロッテ）から始めてみてはどうでしょうか。

寒い季節は、「焼き芋」や「たい焼き」がおすすめ。袋や新聞などに包まず、ポケットからダイレクトに出したほうがインパクト大です（ポケットの中はあとできれいにしましょう）。

羊かんなどの洗練された手みやげはスマートですが、**ちょっとズレた手みやげのほうが相手の印象に残ります**。

レストランでかしこまってお行儀よく食事しながら会話するのとは違って、仲よくソフトクリームをペロペロなめたり、アメリカンドッグをむしゃむしゃかじったり、焼き芋をパクパク頬張ったりすることで、「同じ釜《かま》の飯」を食べた者同士のような一体感を共有できます。

「爪をきれいに」磨いておく

（なんかこの人、身なりがイマイチだな……）
（歯や持ち物が汚れているな……）
（猫背で目が血走っているな……）

初対面の相手と会うとき、**相手はあなたのことを一瞬で精査しているもの**ですが、最初にそう思われたらそれだけで大きなマイナスポイント。
よほどスマッシュヒットを打たない限り、マイナスの印象がプラスに転じることはありません。

通常、マイナスの第一印象を覆《くつがえ》すことは至難の業《わざ》なので、ビジネスでも恋愛でも、まずは自分の第一印象をよくするように努めるのが得策です。

僕は採用の面接もよくしますが、面接室の前で待っているときから、光っている人は一目瞭然です。

ウケる人は爪先まで大事にする

まず**背筋がシュッと伸びて姿勢がよく**、**瞳にも輝き**があり、**身なりが清潔**で、**TPOを心得た着こなし**をしています。さらに、**爪の手入れ**、**靴磨き**など、細部まで管理が行き届いています。

間違っても、猫背に血走った眼でスマートフォンを凝視していたり、爪は荒れ放題、歯や持ち物が汚かったり、場違いな格好をしていたりしません。

そういう細部に、その人の生き方が表われます。これは、売れっ子のお笑い芸人さんにも共通して言えることです。

これから新しい人と出会うとか、デートに向かうとか、企画を提案するというときは、まず自分が相手にどのように見えるかを客観的に観察してください。

第一印象がよくなるように心がけるだけで、プライベートでもビジネスでもウケるようになります。プラスの第一印象は、ウケるための大前提なのです。

会って「1秒未満」が明暗を分ける

（なんかヘンだ。嫌な予感がする……）

初対面の人と「はじめまして」とあいさつを交わした瞬間、まだ相手のことをよく知りもしないのに、こんなふうに感じるときは要注意です。

僕にも時々ありますが、最初の予感は高い確率で的中します。

こうした現象は、科学的にも根拠があると言われています。

カリフォルニア大学ロサンゼルス校（UCLA）の心理学者が1971年に提

唱した有名な「メラビアンの法則」では、**第一印象は「最初の3〜5秒」**で決まり、**話の内容よりも「相手の見た目や声のトーン」**が重視されるということです。

また、僕が愛読しているアメリカのジャーナリスト、マルコム・グラッドウェルの著書『第1感「最初の2秒」の「なんとなく」が正しい』（光文社）には、人は最初の直感で理屈を超えてものごとの本質を見抜く能力があることが、さまざまな事例や学術的根拠を用いて書かれています。

たとえばその本にとり上げられていた興味深い事例で、アメリカの美術館が歴史的な鑑定書付きの古代ギリシア彫刻を購入したところ、それを見た数人が、最初の2秒で「違う」と直感したそうです。実際に調べてみたら、本当に真っ赤なニセモノであることが判明したとのこと。

人間には一瞥《いちべつ》しただけで、理屈抜きに一気に真贋《しんがん》を直感できる能力があるということです。

アスリートの世界も、1秒未満の差がものを言います。陸上競技の100m走は、9秒台と10秒台では天と地ほどの差もある熾烈《しれつ》な闘いです。

大谷翔平選手が投げる速球は、投げてからキャッチャーに届くまで、わずか0・4秒しかないと言われています。バッターは、そのわずかな間にいろいろな判断をしなければならないのですから、驚きです。

ビジネスの世界でも、実は1秒未満の直感の中に、真実が潜んでいたりします。特に初対面の人と会うときは、この一瞬のひらめきが明暗を分かちます。

野球でも、バッターボックスに立ったら、バッターは「どんな球が来るだろう?」と想像しますよね。「はじめまして」とあいさつを交わす瞬間は、バッターボックスでピッチャーの球を見極めるバッターと同じなのです。

恋愛でも、出会った瞬間から「この人いいな」と思うことがあるかと思います。ひとめぼれは、恋愛だけでなく、ビジネスでも起こります。

普段から爪先、靴の先っぽに至るまで管理の行き届いている人は、その「いいな」に引っかかる可能性がぐっと高まります。そして一瞬のひらめきを逃さない人は、ヒットやホームランを打つ確率が高くなるのです。

2章

おもしろい！話し方で「雑談力」が上がる

しゃべる前に「頭を整理」する

自分ではウケる話をしているつもりらしいけど、全然おもしろくないし、何が言いたいのか、さっぱりわからない人が時々います。

お笑いでは俗に、「寒い」とか「冷える」と言われる状況です。

ウケないのは、そもそも**話す内容が頭の中でとっ散らかっていて、きちんと整理されていない**可能性があります。

話す内容を整理せずにしゃべり始めるのは、散らかった部屋に踏み込んで、「ここにAの資料があって、こっちにBの資料があって、えっと、あっちにはCの資料があって……」などと、締まりのない生中継をだらだらしているようなもの。

聞いているほうは、何がどうなっているのかよくわからず、とても退屈です。

口を開く前にまず、脳内で内容や順序をいったん整理整頓してから話すようにしましょう。

伝わらないのは、頭の中が散らかっているから

まず話す前に、**「誰に、何を言いたいのか」**を決めます。次に、**「話したあとの結果」**を想像します。

ほめられたいのか、笑われたいのか、それとも、「なるほど」「それはいいかも」と言われたいのか——そこから**「逆算して話を組み立てる」**ことが大切です。

頭の整理に使う時間は、ほんの一呼吸程度。

それ以上引っ張っては、不自然に会話がブツブツ途切れてしまい、「あれ？この空白の沈黙はいったい何だろう？」と、逆に相手に違和感を持たれてしまい

ます。

混み入った話を説明するときは、**「そうですねぇ……」などと言いながら、頭の中を整理するための時間稼ぎ**をしてもかまいません。

思ったことをすぐにしゃべらず、整理してから話すクセをつけるように心がけると、相手に自分のメッセージがスッと伝わって、今までよりぐっとウケやすくなります。

話を「少しでも短く」まとめる

「おはようございます」

朝のテレビ番組で司会者がにこやかにそうあいさつする時間は、いったい何秒ぐらいだと思いますか？

実は、1秒もかかりません。**「9文字で約0・8秒」**です。テレビ番組は、視聴者を飽きさせないようにテンポよく進行させる必要があるため、秒単位で動いています。

もし5秒でもズレたら大ごとです。次のコーナーで5秒縮めるように調整することで、バランスをとる必要が出てきます。

話すのに慣れてきたら、次は「話す時間」を意識しましょう。ポイントは**「できる限り短くまとめる」**ことです。

テレビ番組の台本は僕のような放送作家が書くわけですが、駆け出しの頃はいつも「文章が長い！　原稿は2行以上書くなっ！」と、先輩に怒られていました。

プロのアナウンサーさんやタレントさんは、台本をパッと見ただけでスラスラ淀《よど》みなく話せますが、2行以上のセリフだとそうはいかないからです。

テレビの原稿は、上は絵コンテのスペース、下がナレーションやセリフの台本です。よほど重厚なドキュメンタリー番組のナレーションでもない限り、人が会話するセリフは「2行が限界」というのが業界の常識です。

テレビの原稿の1行は15文字なので、2行なら30文字です。

広告や雑誌などのキャッチコピーも、30字前後が適量とされています。

短歌も5・7・5・7・7で合計31文字です。

テレビでは、30字のセリフを、3~5秒ほどでしゃべります。そのボリューム感とスピード感が、ワンフレーズとして収まりがいいからです。

話が短く簡潔になるほど、スッと伝わりやすくなるので、僕が若い頃は「1行でも1秒でも短く書け」とよく言われました。

テレビ番組のように「5秒で話すクセ」を！

テレビのように、「5秒ワンフレーズ」でできるだけ短く簡潔に話すことは、会議で発言したり、プレゼンで話したりするときにも役に立ちます。

もちろん、早口で話せということではありませんが、**「何が・どうした」という骨子《こつし》となる主語と述語をベースに話を肉付けすると**、話が簡潔にまとまりやすくなります。

そうすると、「この人の話はスッと耳に入ってきて、わかりやすい。安心して聞けるな」という印象になります。

相手にウケる話をするためには、このわかりやすさが欠かせないのです。

ちなみに、お笑い芸人さんたちは台本通りに話さず、独自のアレンジを加えてきます。

たとえば動物についてトークする番組で、台本に「この前、猫がいるカフェに行ったらね」と書いてあったとすると、「オレの行きつけの店なんて、いつも香ばしい鳥がいっぱいいいてさ」「それただの焼き鳥屋じゃん！」などといじるわけです。

話しているテーマの範囲内で、時々そうした独自のアレンジが入れられるようになると、話が盛り上がりやすくなります。

話を短く簡潔にまとめる中で、臨機応変にアレンジを加えることで、わかりやすい中にもスパイスの効いた、相手を飽きさせないトークを展開できます。

ぜひ普段から、5秒で話せる話題は何か、探して実践しましょう。

話の「交通整理」をしない

「つまり、Aさんが言いたいのは、こういうことだよね」

「要するに、Bさんは○○すればいいんじゃない？」


雑談中にいちいち話の交通整理をしたがる人がいます。

よかれと思って親切に交通整理しているつもりかもしれませんが、これは**絶対にやってはいけないルール違反**です。

ウケるどころかその場がシラケてしまいます。

人の話を「要するに」でまとめない

自分の発言した内容を他者に「つまり」とか「要するに」などと要約されてしまうと、要約された側は、まるで自分が**「話しベタでコミュニケーション能力の低い無能な人」**と認定されたみたいで、立つ瀬がありません。

人の話を整理するということは、「伝えベタなAさんに代わって、理解力の低いみなさんに、賢い私が翻訳してお伝えいたしますね」と、上から目線で言っているのと同じことです。

たとえばサッカーで、Aさんが打ったシュートについて、「Aさんはシュートを外してしまったけれど、本当はこんなふうに打ちたかったんですよね、ほら」と、横から正しい見本を見せて得意になっているようなものです。

存在感を示すことも大切ですが、他者の話を整理する形で存在感を示すと、ウケるどころか、全員に嫌われます。

整理するなら、他人の話ではなく、自分の話にとどめておきましょう。

どうしても話の内容を再確認する必要があるなら、「今の話は、こういうこと？」と相手に尋ねましょう。

もちろん、仕事における会議などのシチュエーションでは、最後にいろいろな意見をまとめて決定する必要がありますが、それも会議のトップの任務です。

もし、あなたが会議のトップであれば、「今日の会議をまとめると、こういうことですね」などと締める権利があります。

でも、そうでないなら、トップが最終的にまとめるまで、**交通整理するような発言はしないように心がける**のがウケる人の鉄則です。

「そもそも論」を言わない

「そもそも、○○にこだわる必要はないよね」
「そもそも、この計画自体にムリがあるんじゃない？」

すぐに話をまとめたがるのが、ウケない人の習慣ワースト2位だとしたら、**ワースト1位は「相手の顔をつぶす」こと**です。

たとえば、友人同士で旅行先や宿泊先を考えたり、恋人と休日の過ごし方について話しあったりするとき――。

複数人いれば、出てくるアイデアも千差万別ですが、アイデアには正解も不正解もありません。

どんなに自分と意見の相違があっても、他人の提案を「間違っている」とジャッジして相手の顔をつぶすのはマナー違反です。

その発言に「敬意」の気持ちはありますか？

中でもやってはいけないのが、冒頭のように**「〝そもそも論〟をぶち上げる」**ことです。

たとえるなら、「このテーブルの上で、何を食べようか？」と話し合っているときに、「そもそも、こんなテーブルがあるのが間違っているんだ！」とテーブルをひっくり返してしまうようなもの。

百歩譲ってコンセプト自体に難があったとしても、誰もその点を気にしていないなら、そのコンセプトありきで考えるのが筋です。

〝そもそも論〟をぶち上げると、それまでその話し合いに携わってきた人たちみんなが「間違っている」と全否定されることになります。

これは、会話に新しく入ってきたばかりの人や、自分が高学歴で人より優秀だと思っている人が陥りがちなミスです。


仕事のシチュエーションにおいても同じです。

会議にもいろいろありますが、コンセプトやテーマが既に決まっている場合は、その方向性でできるだけ多くのアイデアを出しあうのが会議の目的です。

どんなに期待のされる新人や優秀な人材でも、この〝そもそも論〟を口走ってしまうと、その会議に次から呼ばれなくなる可能性大です。

実際にそうした轍《てつ》を踏んで、消えていった若い人や優秀な人を僕は今まで何人も見ています。

そもそも論をぶち上げる前に、会議に臨む大前提として、会議のメンバーをよく理解し、それまで積み上げられてきた仕事に敬意を払う必要があります。

会議でウケる人は、他者へのリスペクトを忘れません。

「外国人」にもわかるように話す

ウケるためには、**あなたの伝えたいことを「確実に」伝える**ことが必須です。

「こんなのは当たり前のことだ」と思っていることでも、相手にとっては耳慣れない場合があります。

よく仲間内だけでまかり通っている言い回しや俗語や略語、業界用語を使って話す人がいますが、一つでもわからない用語が出てくると、相手はそこでつまずいて引いてしまいます。

あるいは、相手がまったく違う意味だと誤解してしまい、思わぬ大きなトラブルが発生してしまう危険性もあります。

実際に、僕の携わった番組でも、そんなトラブルが勃発したことがあります。

「シートを取る」――これはテレビ業界特有の言い回しです。

撮影したビデオテープを仮編集する際、どのテープの何分何秒の映像と、何分何秒の映像をつないだかという記録を「シート」と呼ばれる紙に書き込むことを指します。

番組自体は1時間枠でも、撮影テープは100本近くになることもあるので、どのテープのどこに目当ての映像があるかというメモをシートに記録しておく必要があるのです。

それによって、実際に編集作業を行なう際、編集マンが「次は25番のテープを入れて、39分17秒から41分22秒まで引き出して」などと、指示して本場の映像を編集していくのです。

あるとき、新人のADさんが、ディレクターさんから「シートを取っておいて」と頼まれました。

1週間後、編集室に僕らが行って、さあこれから編集しようという段になり、ディレクターさんがADさんに「シートはどこ?」と尋ねました。

すると、「はい、このテープに取っておきました」とテープを差し出すADさん。「えっ?!」紙のシートではなく、テープに取ったと言われて、目が点になったディレクターさんが、あわててそのテープをガチャッと入れると……真っ白な映像が延々流れてきました。

「こ、これ何?」ディレクターさんの問いに、ADさんは真顔で答えました。

「はい、〝白〟を撮りました」

そのADさんはシートを「白」と聞き間違え、ディレクターさんが何日も徹夜で編集した編集テープに、真っ白な映像を延々上書きしてしまったのです。

まるでコントみたいな話ですが、双方に問題があります。

ディレクターさんは新人ADさんに対して言葉足らずだし、ADさんもなぜ白を撮るんだろうと不思議に思いつつ、ディレクターさんが怖くて確認しなかったことが問題です。

日本人は「あうんの呼吸」や「空気を読む」という感覚を大切にしますが、自分が日頃使っているボキャブラリーを客観的にかえりみて、言葉を正確に伝えないと、こうしたコミュニケーションのズレが起こることがあります。

普段から「この人は言葉足らずだな」とか、「この人は、わかっているようでどこかズレているな」と観察するようにして、要注意だと思う相手には特に入念な確認が必要です。

日本語だからと言って油断しない

僕も普段、できるだけ言葉を正確に伝えるように気をつけています。

外資系企業のコンサルティングもしているので、外国人スタッフはもちろん、日本人でも日本語があまり話せない帰国子女のスタッフと接することが多いためです。

「外国人に日本のことを説明する感覚」できちんと正確に伝えるようにすると、

コミュニケーションのトラブルを回避できます。

また、もしわからないことがあれば、絶対にわかったフリをしてはいけません。相手が盛り上がって話しているときに、その腰をポキッと折って質問するのは勇気がいりますが、わからないままでいるほうがずっと怖いことです。

・話の途中に大変申し訳ないのですが、〇〇とはどういう意味でしょうか？
・先ほど聞き逃してしまいまして、〇〇についてもう一回伺ってよいですか？

などと断りを入れて、その場で確認すべきです。

もし大勢参加している会議中にわからない専門用語がポンポン出てきたら、それをいちいち止めて質問するのはさすがにはばかられるので、パソコンやタブレットでサササッと検索したり、あとでメールで確認しましょう。

「こそあど言葉」を避ける

「この前の、あの件はどうなった？」

「この前のあの件って、何のこと？」

「だから、ほら。この前、みんなといるときに話したじゃん」

「え？　みんなって誰？」


……この会話のテンポの悪さと言ったら、目も当てられません。

ウケる話をしたかったら**「こそあど言葉は使わない」**ことが鉄則。

会話の中に人や物、場所などが複数出てくる場合は、「みんな」や「向こう」

などの具体的に何を指すかわからない言葉も、誤解を生む要因になります。

よく、「あのときは、大変だったなぁ」と言う人がいますが、「あのとき」と言われても、1ヶ月前なのか、1年前なのか、いつのことなのかまったくわかりません。

記憶力が衰えて固有名詞がすぐに出てこなくなるシニア世代にはありがちなことですが、「これ・それ・あれ・どれ」「この・その・あの・どの」といった「こそあど言葉」を無意識に乱発している人が少なくありません。

もし目の前で「あれ」と指さしたり、「これ」と手渡したりするのであればまだしも、電話やチケットでこそあど言葉を連発するなどもってのほかでしょう。

話半分で聞き流されてしまうだけ

相手に話している内容を何度も聞き返されたり、せっかく話したつもりでも、相手が全然理解していなかったりする経験が多い人は、こそあど言葉を無意識に使っている可能性があるので、気をつけましょう。

仕事でどうしても必要なことなら、相手も面倒だなあと内心思いながらも「彼って山田さんのことですか?」「先方って、フジテレビ?　日テレ?」などと聞き返して確認してくれると思います。

しかし、ちょっとした雑談だったりすると、「この人の言っていることはよくわからないけど、いちいち聞くのも面倒だから、話半分で適当に相づちを打って聞き流しておこう」とあしらわれてしまいます。

短時間で要点をパッと伝える。ウケる人はこれが得意です。

もし固有名詞がどうしても思い出せないときは、「あの」で押し通さず、「ど忘れしてしまったんだけど、教えてくれない?」と、周りの人に聞きましょう。

「人気作家さんで、毎年ノーベル賞候補になっているあの人、誰だっけ?」

「ああ、村上春樹さんね」

「村上信五さんとマツコ・デラックスさんが出演するあの番組、何だっけ?」

「『月曜から夜ふかし』でしょ」

名前をとっさに思い出せなくても、周辺情報を的確に言えば、誰かが助け舟を出してくれます。

一番よくないのは、**「察しが悪いと思われるのを恐れてわかったフリ」**をすることです。

知ったかぶりは、ウケない人の得意ワザ。あとで必ず自分の首を絞めることになります。

たとえばそれが医療現場なら、「あの」が指す内容が少しでも違えば、大変なことになってしまいます。

こそあど言葉で指示されたら、リスク回避のためにも、必ず内容を確認するようにしましょう。

「映像」が浮かぶ話し方をする

たとえば、イベントの感想を尋ねられたとき――。

よほど数字に厳しいビジネスシーンでもないかぎり、「今日は朝から825人も並んでいて、花火も上がって大盛況でした」と伝えるより、

「今日は朝からズラーっと大行列で、花火がドドーンと上がるたびに、あちこちでワーッと歓声が上がっていました」

と擬音を多用し**「映像や音声を4Dで伝える」**ことで、「あの人の話は雰囲気

がよくわかっておもしろいな」と思われやすくなります。話のおもしろい人は、一人でずっとしゃべっていても、聞いている人を飽きさせません。

落語は「臨場感を演出する」ヒントの宝庫

僕は**古典落語**をよく聞いていますが、落語はつかみのマクラからオチまで、会場のお客さんを転がしながら全部一人で行なう話芸なので、飽きさせずに人に話を聞かせるヒントがいっぱい詰まっています。

落語は噺家《はなしか》さんが一人で2役も3役も老若男女を巧みに演じ分けるので、それを真似すれば、たとえば**「この前、彼女から、こんなふうに言われてね」などと、口調や声色を変えてリアルに伝えることができます。**

落語の舞台となるのは、町人たちが忙しく出入りする長屋から、偉い殿さまが住む広い大名屋敷、妖艶《ようえん》な花魁《おいらん》のいる華やかな吉原など、実にさまざまです。噺家さんはその雰囲気やスケール感を言葉だけで見事に表現します。

「酒を盃《さかずき》に**トクトク**つぐと」「そこへ**ザーッと**雨が降ってきまして」「草木も眠る丑《うし》三つどきに、やおら森のほうから**ザワザワザワッと**一陣の風が起こり」「**スーッと**音もなくふすまが開き」など、擬音をうまく使って語るので、それを真似するだけでも臨場感たっぷりに語れるようになります。

もし落語初心者なら、**子ども向けの落語**がおすすめです。

子ども向けの落語は、知識がなくても易《やさ》しくかみ砕いて語ってくれるので、人にわかりやすく伝える話し方を学ぶのにもってこいです。

たとえば、「東海道五十三次《とうかいどうごじゅうさんつぎ》って、**今の東名高速道路みたいなものだよ**」といった、わかりやすい解説を挟んでくれたりして、大人の僕も「なるほど！」と膝を打つほどです。

今の時代は、Z世代の若者に「お茶の間」とか「ワープロ」と言ってもピンと来なかったりしますし、逆にＩＴに疎いシニアは「クラウド上に」とか「Ｚｏｏｍで」などと言われても、ちんぷんかんぷんだったりします。

外国人にもわかるように話そうとお伝えしましたが（89ページ）、同様に、こうした世代の違いによるコミュニケーションギャップを避けるには、「外国人や子どもでもわかるように伝えよう」という配慮が大切です。

「かわいい～」だけでは伝わらない

僕は中学時代からラジオっ子だったので、「オールナイトニッポン」は欠かさず聴いていました。

ラジオでとり上げられるリスナーの投稿ハガキは、短い文章だけでいろいろ想像させますし、笑えるオチもちゃんとあって、ウケる話のエッセンスが凝縮されています。

ラジオには映像がないので、映像が思い浮かぶ話し方をしないと成り立ちません。僕は渋谷のラジオ番組に毎週出演していますが、できるだけ具体的な映像が浮かぶ話し方を心がけています。

たとえば、「このマグカップ、かわいくて素敵ですね！」と言っても、ラジオを聴いている人には、どこがかわいくて素敵なのか全然伝わりません。

「このマグカップは、温かみのあるオフホワイトの陶器に赤い横ストライプの入った北欧風のデザインで、手にスッポリ収まりますね」

というふうに、色や質感、サイズ感などを盛り込んで話すだけで、まるで自分の目の前にそのカップがあるかのごとく映像が浮かびます。

日常生活でも同じように意識して話すことで、その場に居合わせなかった人でも、あなたが体験したモノやコトを共有できるでしょう。

三谷幸喜《みたにこうき》さんの傑作映画『ラヂオの時間』は、言葉と音だけで映像が想起でき、表現を工夫することがいかに大切かがよくわかります。

中野信子《なかののぶこ》さんやジェーン・スーさんのラジオ番組も、非常におもしろいのでおすすめです。Spotify やラジコなどで聴けるのでチェックしてみてください。

「はったり」でしゃべり始めてみる

テレビの早押しクイズで、答えが頭に浮かぶ前に、パッと早押しする回答者がよくいます。

そこで答えられないと、敗退してしまう危険性があるので、かなりリスキーな行動です。

しかし、人は**退路が断たれると、普段は出せないような「火事場の馬鹿力」を発揮する**ことがあります。

クイズでも、早押ししてから「えーーっと」と、自分を追い込むことで、集中力をぐっと高めているのです。

テレビの「早押しクイズ」感覚で

・それって……
・思ったんだけど……

たとえば、複数人での雑談中に今一つ会話に参加できないような場合、この早押し作戦が使えます。たとえば、ちょっとまったりした雰囲気のときに、特に意見がなくてもこのようにはったりで言うのです。

当然、みんなが「ん、何だろう？」とこちらに注目します。

まさに、クイズの答えを思いつく前に早押しした回答者と同じ状況です。

その瞬間、**「何か言わなきゃ」と脳内は高速フル回転**します。その数秒にぐっと集中すると、パッと思わぬひらめきが訪れることがあります。

バッティングセンターで、最初は速い球が全然打てなくても、上達してくるとどんどん打てるようになるもの。経験を積めば積むほど、頭は白紙でも、「それって……」と言ってから高速で考える**「早押し筋肉」が鍛えられます。**

「お手つき」になってしまいそうなときは

もし、大したことを思いつかなくても、「いや、大したことじゃないんだけど」などとハードルを下げてしまえばいいので、何も怖くはありません。

どうしても何も思いつかなければ、

「ど忘れしちゃった。思い出したらまた言うね」

と言って時間稼ぎをしてから考えればいいのです。

はったりでもどんどん発言することで、存在感を示すことができますし、気負わず積極的に話そうとする人の話に、人は好意的に耳を傾けてくれます。

3章

おもしろい！話し方で「友人や恋人」に愛される

「毒舌キャラ」を演じる

「あの人は毒舌だからね」

と周囲に認知されるキャラになれば、ちょっと辛口なことを言っても、逆におもしろいと思ってもらえます。

マツコ・デラックスさんや有吉弘行《ありよしひろゆき》さん、くりぃむしちゅーの上田晋也《うえだしんや》さんのように、みんなが言いたいけれど言いにくいことの核心に迫りつつ、ぷっと噴《ふ》いてしまうような**ユーモラスな毒舌は、いい人ぶっているよりむしろ愛されます。**

日本人は世間体を気にして、空気を読んだり、忖度しがちなので、「いい人キャラ」より「毒舌キャラ」のほうが、受け入れられる傾向があるのです。

自分自身に毒づけば誰も傷つかない

しかし毒舌は、高度なテクニックが必要です。真似しようと思っても、なかなか難しい。

そこでおすすめなのが**「自虐ネタ」**です。

あまりにも痛々しいと相手も笑うに笑えないので、自分のコンプレックスをチャームポイントに変えるような、明るい自虐ネタにするのがポイントです。

たとえば、僕はぽっちゃり体型であることを最大限に活かしています。やむを得ぬ事情で遅刻をして決まりが悪いとき、

- **すみませーん、僕の体重のせいで、エレベーターがなかなか上がらなくて**
- **僕の腹がつかえて、電車が立ち往生しちゃって**

などと言えば、相手も思わずぷっと噴いて「まったくこいつは憎めないな」というムードになりやすいでしょう。

ただ、これを明るいぽっちゃり系の人が言えば笑いになりますが、スタイルのいい人が言うと角が立ってしまいます。

同様に、高学歴な人が「私は頭が悪いので」とか、高収入な人が「貧乏なもので」などと言うと、ウケるどころかイヤミなだけなので、毒舌は自分を客観視したうえで使うのが鉄則です。

ピリッと小気味よい毒の効かせ方を学ぶには、岡田斗司夫《おかだとしお》さんや落合陽一《おちあいよういち》さんのＹｏｕＴｕｂｅがおすすめです。

話を「2割増し」で盛る

おもしろい話をしようとして、話を盛る人がよくいます。

話を盛るのはお笑い芸人さんの常套手段《じょうとう》でもあり、話を盛ること自体は悪いことではありません。

2割増しほどの「ちょい盛り」なら、盛っているのもご愛嬌《あいきょう》でクスッと笑えます。

しかし、ウケを狙いすぎて、**話を9割以上盛ってしまうと、現実とあまりにかけ離れた絵空事になってしまう**ので、聞いたほうは逆にシラケてしまいます。

盛りすぎて「イタい人」になっていませんか？

人がおもしろいと感じるのは、**現実にありそうでない「ちょっとだけずらした盛り方」**です。

「昨日の台風、かなりすごかったけど大丈夫だった？」
「ホントすごかったよね。私なんて、メアリー・ポピンズみたいに傘ごと1メートルぐらいフワッと浮いちゃったよ！」
「オレなんて、もっとすごいよ！　タワマンの上を傘ごとブンブン飛ばされていくオッサンを目撃したんだから！」

1メートル浮いた程度の話の盛り方なら、ぷっと笑えるけれど、タワマンの上を飛ぶオッサンとなると、盛りすぎ感が半端ないので、相手はウケるというより

「この人は笑かそうとして必死でイタいな……」という冷めた気持ちになってしまいます。

ウケを狙った相手に、「ウケてあげないと、かわいそうかも」と同情されたり、「仕方ないから、ここで一応笑っておくか……」などと気を遣わせてしまうのは、最悪の事態です。

しかも、話を盛りすぎると、相手より自分のほうが先に笑ってしまいがちなので、「いったい何がおもしろいんだか……」と、相手はますますシラケモードになってしまいます。

もし話を盛るなら、リアリティのないウソだらけの作り話ではなく、本当にあった話をうまく活かし、「本当にありそうだな」というレベルにアレンジすることがポイントです。

「アメリカンジョーク」で爆笑を誘う

「髪の毛が後退しているのではない。私が前進しているのである」

これは旧ツイッターで髪型について揶揄《やゆ》された、孫正義さんの返信です。いきなり相手の風貌《ふうぼう》についてあげつらうのは礼儀知らずですが、売り言葉に買い言葉でケンカを始めてしまうと、即座に炎上して、評判をガクンと落としてしまいます。

今の時代は過去の炎上もデジタルタトゥーとしてネット上に残ってしまうので、若気の至りで将来の自分の足を引っ張る痕跡《こんせき》を残すのは避けるべきです。

もし炎上で注目されても、それはウケているのとは違います。

逆に、孫さんのようにウィットに富んだユーモラスなジョークで切り返すと、誰も不快な気持ちにならないし、その人の株が一気に上がります。


昨今は、日本を訪ねる外国人観光客がますます増えています。

英語でいきなり話しかけられると緊張してしまうものですが、こんなとき、**場を和《なご》ませるアメリカンジョークを持っている人は圧倒的に有利**です。

この2つがあればExcellent!

「Nice to meet you. I can't understand my English, because my English is very low level!!（はじめまして。**英語レベルが低すぎて、自分の言っている英語すら理解できません！**）」

これは、僕がアメリカに出張に行った際、自己紹介のときに言ってアメリカ人にバカ受けだった自虐ジョークです。

高尚《こうしょう》なジョークではなく、簡単な英語しか使わない片言ジョークですが、**初対面の外国人にこれを言うと、百発百中でウケるキラーフレーズ**です。

特に外国人の前では、身振り手振りも大きく、顔の表情も豊かに、恥ずかしがらず堂々と言うのがポイントです。

他にも、こんなフレーズも覚えておくとウケます。

「Are you hot?（**暑いですか?**）」と尋ねたあと、すかさずこう言います。

「I can speak very very cold joke!（**僕はめちゃめちゃ寒いジョークが言えますよ!**）」

外国人にウケるだけでなく、一緒にいる友人や恋人にもウケること必至です（笑）。

ビジネスの現場でも同じです。

日本の企業は、「いきなり初対面のクライアントさんに、こんな軽口を叩くなんて、とてもできない……」と尻込みしがちだと思います。

しかし、外国の企業の多くは、相手の地位にかかわらずフラットに考える傾向があるので、ノープロブレムです。

場を和ませるようなテヘペロ系の軽い自虐ジョークなら、一気にフレンドリーな関係になれることうけあいです。

言葉の壁を越えて、「ぷっ」と噴き出すようなユーモアを共有しあえてこそ、相手の懐に飛び込むチャンスをものにできるのです。

「用がなくてもメッセージ」を送る

メッセージは、用があるときしか送らないものだと思っていませんか？

ウケる人は**「用がないときも戦略的にメッセージを駆使」**します。

ところで、みなさんはＳＮＳの「友だち」が何人いますか？

昨今は、プライベートだけでなく、仕事上の相手ともＳＮＳでつながることがあるので、友だちは日々増えていきますよね。

チャット歴を振り返ってみると、「長いこと会っていないなあ」という人や、「この人誰だっけ？」という人が時々います。

でも、せっかく出会ったご縁なので、時間があるときに、サクッとメッセージを送ってみると、思わぬ発掘があったりします。

・久しぶり。お元気ですか？
・最近どう？
・熱中症になっていませんか？

あるいは、たった今、名前を見つけただけなのに、

「この前、会社の近くを通ったら急に思い出したので、連絡してみました」

などと、さりげなく作り話をすることもあります。
どうしても顔が思い出せない人には、入力した日付をチェックして、

「3年ぶりですけどお元気ですか？　なんかちょっと思い出しちゃって」

などとメッセージします。すると、「こちらこそ久しぶり！」「お元気そうで何よりです」などと返信があります。

特に用があるわけでもないのに、自分のことを思い出してメッセージをくれた相手には、親しみがわくものです。

メッセージを送ることで、昔話に花が咲くこともあります。

「久しぶりに会おう」となったら、ランチに誘うのがおすすめです。ランチならそれほど長い時間というわけではないので、久々に会っても気疲れしません。

出会った人の数だけチャンスがある

メッセージは1、2行で気軽に送れるので便利ですが、年賀状や暑中見舞いなどを送るのでもかまいません。

「お元気ですか？」と相手の安否を気遣うだけで、なんとなく途絶えていた関係性がふっと息を吹き返します。

メールやSNSをあまり使用しないような年配の人には、直接電話してみると喜ばれます。**「特に用はなかったんですけど、ちょっと声が聞きたいと思いまして」**などと言うと、「せっかくだから何かしようよ」などとお誘いを受けることもあります。

一生のうちに何人の人と出会うかは、人それぞれだと思います。

僕は、「出会った人の数だけチャンスがある」と思っています。

自分ひとりだけで何かをするより、出会った多くの人たちと関わりを持ちながら進めるほうが、可能性がぐっと広がります。

「凹んだとき」こそガンガン動く

思わぬトラブルに遭遇したあと、僕はジムに行くようにしています。

もちろん、いったんは「あー……」と、がっくり凹《ヘコ》みます。

でも、「もう、ウンザリだ……」と凹んだままで、問題を先延ばしにしてしまうと、事態はさらに悪化して、どんどん炎上してしまいます。

もう柱が1本も残っていないところまで燃えてしまってはもはや救いようがなくなるので、トラブルや仲たがいはボヤのうちに消す必要があります。

「トラブルの8割は不条理なこと」と割り切って、早いうちに処理しましょう。

そのあと、思い切って気分転換するのです。

トラブルも「おもしろい！」で解決

僕が凹んだときにジムに行くのは、身体を動かさないと、やる気が出ないからです。

これは単なる精神論ではありません。大腿二頭筋《だいたいにとうきん》を鍛えると、β-エンドルフィンという脳内ホルモンが分泌されるというアメリカの論文が実際にあり、ジムで筋肉を動かすことでストレス耐性がつくのです。

凹んで頭を抱えてウンウン悩んでいるだけだと、ストレスが溜まっていく一方ですが、**身体を動かすことで、やる気が復活してきて、嫌なことがあっても乗り越えられます。**

ジムに行かなくても、歩いたり、走ったり、ラジオ体操するだけでも構いません。

動くことで、気持ちもリフレッシュして、やる気満々になってくると、どんなトラブルや仲たがいも怖くなくなります。

「ようし、やるぞっ！　来れるもんなら来てみろ！」という感じでガンガン進めるようになります。

「ミスも愛嬌」と思われたら勝ち

仕事についても同じです。もし納期に間に合わなかったら、こちらがめちゃくちゃ焦《あせ》っていると思わせたほうが得策です。

サボって遅れたと思われると信用を失くしますが、努力していることを見せれば、相手もむげに責められなくなります。

僕はかつて、**わざと誤字脱字だらけのメールを送って、「あいつは焦っているんだな」と思わせる**ようにしていたことがあります。

そうすると、相手が「あわてなくていいから」と、逆に気遣ってくれたりします。

以前、寝過ごしてその日に使うナレーションの原稿をすっぽかしてしまったときは、駆け込み寺ならぬ**〝駆け込み入院〟という究極の切り抜け術**を断行しました。

もともと胃《い》潰瘍《かいよう》の持病があったので、近所の病院に「入院させてください！」と駆け込み、看護師さんに「野呂さんは体調を壊して昨日から入院しており、今は電話に出られない状態です」と代わりに電話してもらったのです。

すると、怒り狂っていたテレビ局の人に、「野呂くん、大丈夫ですか？　ナレーションは何とかなったから、お大事にとお伝えください」と気遣いの伝言をもらいました。自分の失態をカバーするときは、多少の偽装もご愛嬌です。

他にも仕事が遅れたとき、まだ完成していないのに、時間稼ぎをするためにシレッと**「原稿を送ります」とメールして、肝心の原稿を添付し忘れたフリ**をすることもあります。

それならおっちょこちょいの領域に入るので、相手も「添付し忘れたんじゃ仕方ないな」と許してくれます。

20～30代のうちは、おっちょこちょいキャラになれば、多少のミスも愛嬌になるので、むしろかわいがられます。

遅刻してしまったときも、こそこそするとよけいにバツが悪くなります。

その昔、ある大物俳優さんの会合に呼ばれたことがあるのですが、うっかり30分ほど遅刻してしまいました。

会場に入るや否やシラーッとした雰囲気で、もう針のむしろ状態でした。

でも、あいさつしないわけにいかないので、その大物俳優さんを殿様に見立てつつ、**「御尊顔《ごそんがん》を拝し恐悦至極《きょうえつしごく》」**と、時代劇のセリフを真似て謝りました。

すると、ご本人から「近《ちこ》う寄れ」と言われて大爆笑が巻き起こり、空気が一気に和やかになりました。

ダメ出しも怖くなくなる！

ちなみに、アメリカの論文によると、仕事が先送りになる人や時間が守れない人は、完璧主義の人が多いそうです。

でも、仕事は80％の完成度でもいいから1回見切り発車で出してみたり、「こんな感じでよかったですか？」とサンプルを送って、相手の反応を探っていったほうが、そこで時間稼ぎができたりします。

「ここところはちょっと違わない？」などと指摘されたら、そこだけちょっと考え直してみたりすることで、最初は60％程度でも、徐々に完成度を上げていけます。

仕事の失敗の9割は、ああでもないこうでもないと悩んでスタートが遅いことが原因です。夏休みの宿題と同じで、早く手を付ければ、それだけリスクも減ります。

上司に何か命じられたら、「まあ明日でいいか」ではなく、とりあえず「こんな感じですか？」と、考えたことをメールしてみましょう。

「はやっ！」と感心されて、きっと一目置かれます。

「シビアな場面」でボケてみる

何か大きな失敗をしてしまったときなど、笑うに笑えないような事態に直面すると、この世の終わりのような顔で落ち込んでしまう人がいます。

もしあなたが『ミッション：インポッシブル』の主人公なら、あなたの失敗によって国家的危機に陥るかもしれませんし、『アルマゲドン』の主人公なら、地球存亡の危機を招くかもしれません。

でも、あなたの失敗で国家や地球が滅びるのでもない限り、**この世の終わりのような様子でいつまでも落ち込み続けるのはやめましょう。**

深く反省していることを周囲にアピールすることも必要ですが、暗く落ち込んでいるだけでは、ただでさえ分の悪い状況がさらに悪くなって、ますます自分の立場がなくなってしまいます。

そうした**シビアな局面を切り抜けるには、お茶目な笑いが役立ちます。**

凍りついた空気を、お茶目な笑いでゆるめる

「本当にごめん……。○○は壊れてしまったけど、私たちの厚い友情はまさかこれしきのことで壊れないよね？」

たとえば、友人の大切なものを破損してしまったときも、すかさずこう言うと、怒りでぷるぷるしていた相手も、思わず腰砕けになってしまいます。もちろん、相手との関係性ができたうえで、ですが。

あるいは、天寿をまっとうして立派に大往生した人や、生前から冗談を言いあ

えるような人の訃報に接して周囲がしんみりムードになっているときも、お茶目な一言で場の空気を変えられます。

たとえば、**「○○さんは死すとも、自由は死せずっ!」**と、キリッとした顔で言うと、「板垣退助じゃあるまいし」と、きっと誰かがツッコんでくれます。

もちろん、故人が事故や災害に遭って亡くなられた場合や、故人をおとしめるような冗談はNG。場をわきまえる必要があります。

ただ、悲しい気分に包まれているときに他愛もない冗談を言うことで、重苦しい空気がふっと和んで、その場にいる人たちが癒《い》やされることがあります(僕の葬式は、冗談が飛び交うような式にしたいと願っています)。

"外貨"で笑いをとる

商談の場で、金額のシビアな交渉で緊迫した場面でも、お茶目な笑いが空気を変えることがあります。

「で、見積もりはいかほどでしょう?」

「はい、1000万ドルでいかがでしょう?」

「は?……それって、10億円年末ジャンボですか? はははは!」

「では、600万ペソではいかがですか?」

「ハウマッチか! はははは」


相手が思っているよりケタ違いに多めの金額を言ったり、通貨単位をわざと変えて言うと、緊迫した商談のムードが一気に和やかになります。

もちろんこれは信頼関係を築いたうえでの発言ですが、実際の見積もりよりケタ違いに高い金額を言ってウケたあと、実際の金額を言うと、まるで大幅にディスカウントしたように聞こえて、見積もりがスルッと通ったりします。

たまに、冗談でふっかけただけなのに、予想外に相手が本気で受け止めることもあるかもしれません(笑)。

4章

おもしろい！話し方で「仕事」もうまくいく

「相手の話に大ウケ」する

「で、野呂くんはどう思う？」

「えっ、僕ですか？　あの、えっとぉ……」


今でこそ僕は会議が大好きなんですが、26歳で放送作家になったときは、極度の会議恐怖症で、いつも冒頭のような状態でした。

会議前になると、胃がキリキリ痛くなり、胸がムカムカして、「あのう……今日は体調が悪いんで休みます」と、会議をサボったことが何度もあります。

人気番組に関わっていてプレッシャーが大きかったこともありますが、一番の理由は、猛スピードで進んでいく会話の流れにまったく乗れなかったからです。

ついにあるプロデューサーに呼び出されて、「見物に来てるんなら帰れ！ 会議に参加賞はない！」と、爆弾を落とされました。

このままじゃ、クビになって路頭に迷う……。ビビッた僕は、必死に考え、**「相づちの術」**を編み出しました。

相づちの術とは、

- **ですよね〜**
- **それ、あるある！**
- **なるほどです**

などと、**人の話にひたすら相づちを打つだけ**というリアクションワザです。

このワザを使えば、自分から意見を述べなくても、相づちを打つことで同意や共感、感嘆などを示すことになるので、会議でしゃべっている人の輪にスムーズに加わることができます。

当時は、波乗りのヘタなサーファーのように、寄せては返す話の大波小波に乗って相づちを打つのに必死でした。が、相づちを打ち続けるうちに、会議の波乗りのコツがだんだんつかめて、会議恐怖症を克服することができました。

ウケる人ほど、人の話に大ウケする

駆け出しの頃に参考にさせてもらったのが、明石家《あかしや》さんまさんの芸風です。

芸人はたいてい自分の話をしたがるものですが、さんまさんがＭＣの番組をよくよく観察すると、さんまさんが話す時間は全体のわずか3割ほどです。

残りの7割は、他のタレントさんたちに「で、あんたはどう？」と振ったり、「うんうん、そやな」と相づちを打ったり、「なんや、それ？」とツッコんだり、「ファ〜ッ！　マジで?!」と派手にリアクションしたりして、話を盛り上げながら、実に巧みに転がしています。

さんまさんの話がウケまくっているように見えるけれど、実は**さんまさん自身が人の話にウケまくっている**ことに気づいたとき、「これだ！」と思ったのです。

よく「司令塔」と呼ばれる名サッカー選手は、球が飛んできても、自分でいつまでも球をキープせず、ワンタッチで仲間の選手に絶妙なキラーパスを出して得点につなげます。サッカー通のさんまさんも、まさに番組の名司令塔なのです。

大勢の参加者にどんどんしゃべらせて盛り上げる『踊る！　さんま御殿!!』（日本テレビ系）を見ると、その名司令塔っぷりが顕著にうかがえます。**ウケる人ほど、人の話にもウケる**のです。

企画も通りやすくなる

会議でも、さんまさんのように、

「えっそれマジですか?!　はははは」

とウケまくるリアクションをしつつ、

「みなさんも子どもの頃に似たような経験ありますよね？」

などと軽くパスを送ると、「うん、あるね～！」「オレもあるある！」と、みんなノリノリになって話が勝手に盛り上がっていきます。

「そういう君も小学生時代はイタズラ小僧《こぞう》だったんじゃない？」と球が返ってきたらしめたもの。

「ですね～。先生を泣かせる大会があったら絶対優勝してましたよ」

などと流れに乗って返せば、一気に会議の中心に立つことができます。

しかも、会議が盛り上がっていると、何でもない小ネタでも拾われて、「それって企画になるよね」と、ラッキーゴールを決めるチャンスに恵まれることもあります。会議は、自分から盛り上がるのではなく、相手を盛り上げ、場を盛り上げてなんぼなのです。

企画書より「プレゼンのイメトレ」を大切に

会議前に、企画書をビシッと完璧に作ってくる人がいます。

しかし、限られた時間に、何枚もある分厚い企画書をじっくり読み込む人は、まずいません。

特に老眼のシニアが多い場合、細かな文字がびっしり並んだ企画書は、以前、渡辺謙《わたなべけん》さんが出演されていたときのハズキルーペのCMのように、「文字が小さすぎて、読めなあいっ！」と、イラッとされます。

せっかく時間をかけて企画書を作ってきても、イラッとされて心証が悪くなってしまえば、元も子もありません。

プレゼンがつまらないと、どんな企画も通らない

プレゼンの目的は、その企画を通すことです。

企画を通すためには、まず企画に興味を持ってもらわなければなりません。

そのためには、**企画のおもしろさを伝えるプレゼンがものを言います。**

もしあなたが一生懸命プレゼンをしている最中に、参加者が視線を企画書に注ぎ、プレゼンそのものを見てくれていないとしたら、あなたのプレゼンがウケていない証拠。そのプレゼンは、ほぼ通らないと言って差し支《つか》えないでしょう。

相手を惹きつけるおもしろいプレゼンをするには、ベテラン芸人でもない限り、事前のイメージトレーニングが必須です。

バラエティ番組ではタレントさんたちが好きなことをしゃべっているように見えるかもしれませんが、僕のような放送作家の書いた台本が必ずあります。

視聴者を飽きさせないように、興味を引くネタを随所《ずいしょ》に入れつつ、限られた放送時間内に番組を盛り上げて終了させるためには、台本が不可欠なのです。

同じように、プレゼン前に**「話す内容」**を考え、**「相手のリアクション」**もシミュレーションし、**「ときおり挟むダジャレ」**なども想定しながらイメトレをしておくと、参加者を飽きさせないプレゼンができます。

どっと盛り上げるコツ

打ち合わせや会議は、「トークショー」だと思って臨みましょう。

僕は打ち合わせや会議に参加するときはいつも、〝芸人〟に徹します。

応接室や会議室に入るとき、「今日はわざわざ僕のトークショーにようこそ！」という気分で、「徹子の部屋」でおなじみの「ルールル　ルルル　ルールルッ♪」、もしくは、「笑点」でおなじみの「チャンチャカチャカチャカ、ン、チャンチャャン♬」というテーマソングを脳内にBGMとして流して入室したりします。

もちろん、会議や商談は真剣勝負の場です。

お互いに忙しい中で時間を作っているわけですから、くだらない話に終始しては本末転倒です。

しかし、誰もニコリともしないピーンと張り詰めた雰囲気の中で、粛々《しゅくしゅく》と打ち合わせを進めても、話は盛り上がりませんし、関係性もよくなりません。

それより、クスッとしたり、ニヤッとしたり、ドッとわいたり、**「ウケるプレゼン」**をするほうが、話がぐっと盛り上がり、実際に企画も通りやすくなるし、商談も断然まとまりやすくなります。

芸人ではないので、芸を披露する必要などありません。

要所要所で場を和ませる小ネタやトークを挟むだけで、同じことを提案していてもウケがよくなるのです。

打ち合わせや会議でいつもおもしろいことを言っていると、周囲の人たちからも「この人はこういうおもしろキャラなんだな」と認知されてかわいがられるようになります。

「彼がいると妙に場が和んで楽しいから、次のプロジェクトメンバーの頭数にも入れておこう」

「こいつはバカばっかり言っているけど、何かキテレツなアイデアをポロッと言い出すかもしれないから、とりあえず契約しておこう」

そう思ってもらえたら、思うツボです。

ここだけの話、僕は20社以上の企業と顧問契約していますが、その一端にはこうしたベースがあるのです。

発言の「心理的ハードル」を下げる

「会社史上初の画期的な企画を思いつきました！」
「100万部売れる企画を提案します！」

もし会議でこんな発言をすれば、「ほほう、どれほどのものを見せてくれるのかな？」と周囲に思われ、つまらない企画だったら、ただでは済まない空気になってしまいます。

周囲の注目度や期待値が高いほど、結果が期待したほどではなかったときに、失望感や残念感が増幅します。

よく前評判の高かったオリンピック選手がメダルを逃すと、それなりに健闘していても、がっかりムードのほうが強くなって、人気をガクンと落としてしまうのと同じです。

逆に、**期待値が低ければ、「すごい!」「よくやった!」とねぎらってもらいやすくなります。**

2023年WBC（ワールド・ベースボール・クラシック）に出場した村上宗《むらかみむね》隆《たか》選手は、最初はなかなか調子が上がらず、ファンやメディアから厳しい評価を受けることも少なくありませんでした。

しかし、準決勝のメキシコ戦では逆転サヨナラヒット、決勝のアメリカ戦では特大の同点ホームランと、終盤で大活躍。「生き返った!」「これぞ村神様」と日本中から大絶賛されました。

もし最初から活躍し、期待されまくっていたら、このような復活ドラマが生まれることはなかったでしょう。

軽々と意見できるようになる！

会議でも、相手の期待値をわざわざ上げるようなことを言うのは禁物。ほふく前進できるくらいスレスレに、ハードルは低くするほうが得策です。

- **ちょっと思いついたんですけど、もし趣旨がズレていたらごめんなさい**
- **今突然ひらめいた企画なんですけど、つまらなかったらホントすみません**
- **これは単なるフラッシュアイデアなんですけど、ご意見お願いします**

そんな謙虚な前振りをさりげなくしてハードルをうんと下げてから意見を伝え、

「そのことについてはあまり詳しくないいんですけどね」

などと最後に言い添えれば、軽く受け流してもらえます。

特に若い人や新人は、ハードルが高いと委縮してしまって、会議中にいいことを思いついても、軽々と意見しにくい場合があると思います。

でも、一言意見を言う前にハードルを下げておけば、肩の力を抜いて言える雰囲気になります。

僕も若いときに経験がありますが、「こんなこと言ったらバカにされないかなぁ」と思う意見でも、ビビらずに勇気を持って言うと、

「確かにね～。少しズレるけど、それぐらい柔軟に考えたほうがいいかもね」

「なるほど～、若い人だとそんな見方になるんだね」

「今回は難しいけど、次回にそのアイデアを試してみようか」

などと反応してもらえることが少なくありません。

会議で発言できなくても、「メールであとから提案」する

（会議中に緊張して、意見を言いそびれてしまった……）
（参加している面々が偉い人ばかりで、ビビッて何も言えなかった……）

そんなときは、次回の会議まで持ち越すのではなく、翌日までにこんなメールを会議の参加者に送っておきましょう。

「すみません、会議が終わったあと、こんなことを思いついたんですけど――」

すると、「これは興味深い案だね」「もう少し詳しく調べてもらえるかな？」などと、何かしらの反応が返ってくるかもしれません。

存在感をアピールするアフターメール作戦

会議で自分から切り込んでいくのがあまり得意でない人でも、**「アフターメール作戦」**なら落ち着いて冷静に書けますし、参考資料のデータを添付したり、参考サイトのURLを貼り付けたりすることもできますので、より的確に説明することができるというメリットがあります。

しかも、会議の当日か翌日までに即メールすることで、会議が終わってから意見をあと出ししているにもかかわらず、「会議が終わったあともアイデアを考えているなんて、この人は殊勝《しゅしょう》だなあ」「このプロジェクトに欠かせない人材だなあ」と、チームにとって有益な存在であることを印象付けられます。

役立つ人間だと思われれば、会議のときにも「君はこれについてどう思う？」

などと、自分の意見を求められる機会が増えます。

「この前、野呂くんからこんな提案があったんだけどね」と、会議のキーマンから切り出してくれることもあります。

意を決して自分から話を切り出さなくても、会議で自分の存在感が増せば、意見を言いやすい環境が自ずと整ってくるのです。

球拾いで一目置かれる

「この本、今回の企画に使えるかな？　誰か読んだ人いる？」

「うーん、全部読んでみてからでないと、何とも言えないよね……」


会議中にそんな話題になったときはチャンスです。

たとえ自分はその本のことをよく知らなくても、会議中に本をアマゾンで即購入し、その日のうちにキンドルで読破し、翌日、

「本を昨晩読みましたが、これはないと思います。なぜなら――」

というレポートを添付して、会議の参加者全員に一斉メールしました。

すると、キーマンの人たちから、返信メールが続々と届きました。

「これから本を買いに行かなきゃと思っていたけど、もう読んでくれたんだ！」

「早く結論が出てすごく助かったよ。ありがとう！」

会議中に話題になったことについてその場で意見が言えなくても、いち早く調べて翌日にメールするだけで、みんなの役に立つことはできます。

たとえ試合に参加できなくても、球拾いをきっちりすることで一目置かれることがあるように、やり方次第で手柄を立てて自分の株を上げることは可能なのです。

「メール一通」でOKを引き出す

（ただの定型文のあいさつだけで、素《そ》っ気《け》ないな……）
（どんな用件なのか全然見えないな……）
（メールがムダに長いけど、要領を得ず、読むのが面倒だな……）

商談などではじめての相手にアポイントを取りたいときは、いきなりダイレクトに電話するのではなく、まずメールで依頼することが多いと思います。

その際、「この人に会ってみたいな」と思わせるメールを送ることが大切です。

冒頭のように、相手があなたのメールを見てピンと来なければ、あっさり断られるか、〝どうでもいいメール扱い〟にされて、ポチッと削除されてしまいます。

要点が簡潔だと、相手も反応しやすい

「会いたい」と思わせるには、まず実際に話したい内容の要点を簡潔にまとめてメールに書きましょう。

弊社はこんな事業に取り組んでいる会社です。
新しく立ち上げる新規事業において、ぜひ御社とご一緒できればと思います。
25分ほどでかまいませんので、ご相談に乗っていただけますか?

メールの骨子はこの程度で十分です。
相手がスマホでメールを見ていることを前提に考えれば、だらだらした文章は迷惑なだけです。

自分が何者で、会いたい目的が何であるかが、相手に端的に伝わればいいのです。

「もっと話を聞きたい」と思わせるには、相談内容を最後まで書かず、チラ見せ程度にしておくほうがベターです。

忙しいビジネスパーソンに「自分と会う時間を作ってください」とお願いするわけですから、商談にどのくらい時間がかかるのかを必ず書きましょう。

その際、30分とキリのいい数字を書くより、**25分とか18分とか「微妙な数字」**にすると、相手が「おや？」と思うので印象に残ります。

もしアポイントが取れたら、ビジネスライクなあいさつ文だけでなく、

「台風が近づいていて風が強いですが、吹き飛ばされないようにしていきます」

といった、ちょっと愛嬌のある一文も付けてみるといいでしょう。

「上司の真似」をする

（あ、〇〇部長がピンクのワイシャツを着てきた！）
（〇〇さんが使っているペン、カッコいいな）

普段生活していて、何気なくこのように感じることはありませんか。
会社にもよりますが、一番いいのは**「出世していく上司の真似をすること」**です。

ある銀行の支店では、新しい支店長が来ると、その日は全行員が、紺の無地のスーツに、白いワイシャツ、無地のネクタイを着用してくるそうです。

そこでしばらく様子を見て、もし支店長がボタンダウンのシャツを着てきたら、「ボタンダウンもOKらしいぞ」などと許容度を慎重に確認するようです。

もし、「オレは自分の好きなファッションで行く！」と、水玉のネクタイを締めていったり、ブルーのシャツを着ていったりしようものなら、たちまち「なんでお前は、ブルーのシャツなんか着ているんだ？　アメリカ気取りか？」などと目を付けられてしまうそうです。

支店長のファッションや持ち物を行員全員がそっとチェックして、支店長より高いブランドバッグを持たないようにすごく気を遣うそうです。

そういう出る杭に厳しい組織にいる人は、上司を手本にして、安全な領域を察知する能力を養う必要があります。

ウケる人は空気を壊さない

銀行の例は極端だとしても、空気を読んで同調したほうがいい場合があります。

たとえば、取引先や上司と、お酒の出るお店で気軽に会食するようなとき。たとえ自分はカシスオレンジが飲みたかったとしても、みんなが一杯目にビールを注文したら、それに合わせておくのが無難です。

飲めない人は、「僕は飲めないんでノンアルコールビールでお願いします」とか「ウーロン茶で」と言えば問題ありません。

でも、カシスオレンジのようなカクテルは、注ぐだけのビールやウーロン茶よりも作るのに時間がかかります。それで乾杯が遅れることもありえます。

そうした先を読む気遣いができない人は、仕事でも気遣いができない人とみなされてしまい、ウケないどころか、かわいがられません。

また、上司と営業に出て喫茶店でちょっとひと休みというときも、「みんなアイスコーヒーでいいよね」と上司が言ったのに、

「すみませーん、僕はキャラメルカプチーノで！」

と言う人がいます。

自分で買うわけではなく、上司のおごりなのに、作るのに時間がかかり、しかも一番高いドリンクを頼んだりするのは無神経。ウケない人の典型です。

何でも右へならえと言うつもりはありませんが、仕事で複数の人と動いているときは、たとえ休憩タイムや業務外の時間帯であっても、自分を客観視して、周囲にうまく合わせる賢さが必要です。

「ダメ元」でもやる

Aさん「宮崎駿《みやざきはやお》監督にバラエティ番組出演のオファーしてくれる？」
あなた「彼はもう世間には顔を出さないそうですし、ムリですよ」
Aさん「ドナルド・トランプ氏に来月出演依頼してくれる？」
あなた「いやあ、それはさすがにどう考えてもムリだと思いますよ」

もしあなたがAさんの部下なら、「当然ムリでしょ」と思いますか？
それとも、**「ダメ元でアタックしてみよう」**と思いますか？

もしあなたが前者なら、おそらくこの先、大きな仕事はできないでしょう。

もしあなたが後者なら、ドカンとウケる仕事ができる可能性大です。

なぜなら、前者の思考では自分の知っているレベルの小さな世界にとどまり続けることになりますが、**後者は自分の未知の世界の扉を開けることで、どんどん世界を広げ、ステージを上げていける**からです。

この後者こそ、ウケる人です。

しかし、残念ながら、最近は前者のタイプが増えているなと感じます。


「NASAの映像を使いたいんだけど」

「制作会社によると、難しいようです」

「じゃあ、今そこでNASAに電話して」


これは、博報堂の伝説のチーフプランニングオフィサーである故・小沢正光《おざわまさみつ》さんの名言を集めた『おざわせんせい』(集英社インターナショナル)に載っていたエピソードの一つです。

小沢さんは「らしいです」「のようです」という主体の見えないあいまいな物言いを一切許さなかったと言い、「ない」と言うと、必ず「世界中、探したのか？」と問いただしたそうです。

たとえ敷居の高い相手や超大御所でも、ダメ元でアプローチしてみると、こちらが拍子抜けするくらいスルッと要望が通ることがあります。

アメリカの社会心理学者スタンレー・ミルグラムの仮説に基づく「六次の隔《へだ》たり」という理論では、6人以上を介せば世界中の人と間接的につながれると言われています。

実際、フェイスブックのユーザー調査（2016年）によると、平均3・46人を介すことで全ユーザーがつながるという結果が得られたそうです。

今の時代は、相手がどんなに高嶺《たかね》の花でも、アクセスすることはそれほど難しくはないのです。

一見手の届きそうにない案件でも、相手と直に交渉して、しかるべき条件をクリアすれば、こちらの要望をちゃんと呑んでもらえる場合もあります。

たとえ来月はムリでも、半年後ならOKかもしれないし、予算100万円ではムリでも、1000万円ならOKかもしれません。

断られてもめげずに何度も口説き続けることで、相手が根負けして道が拓けることもあります。

仕事でも恋愛でも、ダメ元でアタックすれば案外うまくいくかもしれないのに、試す前から「どうせムリ」と決めつけてあきらめてしまうのは、きれいに咲く可能性がある花の芽を、自らブチッと摘《つ》んでしまうようなものです。

できるようになる方法を考える

「〝どうせ無理〟という言葉は、人間の自信と可能性を奪う最悪の言葉だ」

これは、植松努《うえまつつとむ》さんの言葉です。

北海道の町工場でロケット開発にいそしんでいる植松さんは、幼少期にアポロ月面着陸の生中継に感動して以来、ロケットの仕事をするのが夢でしたが、小学校や中学校の先生たちに「どうせムリ。お金もかかるし、別世界の話」と否定され続けたと言います。

しかし彼は、「どうせムリ」という否定語を、「だったら、こうしてみたら」という前向きな言葉に転換することで、「できない理由」探しではなく、**「できるようになる理由」に目を向ける**ことの大切さを訴えています。

会議でも、「そんな企画は前代未聞《ぜんだいみもん》でリスクがあるからムリだよ」などと否定してくる人が必ずいるものです。

そんなときはあっさり引き下がらず、「だったら、こんなふうにしてみたらどうでしょう?」と、前向きに切り返しましょう。

投げた球をことごとく撃ち落とされてもあきらめず、球筋を変えながら投げ続けるのが、ウケる人の流儀です。

「お金と人間関係が遠のく」言葉

69ページで、ウケる人は爪先まで気を遣うと書きましたが、ウケる人は言葉にも敏感。心証をよくするよう日頃から心がけています。

ビジネスの場で当たり前のように使われているフレーズの中には、相手の心証を悪くする要注意の言葉がたくさんあります。典型例を挙げてみます。

☑「がんばります!!」「やる気だけはあります!!」

これは若手の新人がよく言う決まり文句ですが、やる気や元気やがんばりは数値化できません。Aさんのやる気と、Bさんのやる気はそれぞれ異なります。

ビジネスの世界では、やる気満々でも、結果がついてこなければ評価されません。言葉だけではなく、明確な目標を表明して、その通り有言実行しましょう。

また、あなたに部下がいる場合、「やる気があるのか？」という言い方も、かなりザックリしています。場合によってはパワハラになってしまいます。

態度が悪いと注意したいなら、具体的に「これはよくないから直して」と言えばいいのです。

やる気があっても、何か心身に問題があって、本来の力がうまく発揮できていないのかもしれません。あいまいな精神論で相手を責めるのではなく、何が問題なのかを具体的に聞いてあげるべきです。

☑「今後の参考にさせていただきます」「貴重なご意見ありがとうございます」

企業のクレーム対応などでよく使われる慇懃《いんぎん》なフレーズですが、先輩や上司に注意されたときにこう言うと、とても上から目線な感じになります。

もし自分に少しでも非があるなら「すみません」と謝り、「ここをこのように改めます」と、相手の意見に対する具体的な対応策を答えましょう。

☑「言いにくいことなんですが」

「言いにくい」と言ったあとに、相手にとってあまりよくないことを言うのは、いかにも相手を気遣っていると見せかけて、実は自分が悪く思われないように保険をかけたずるい言い方です。

言われた相手も、「言いにくいなら、わざわざ言わなきゃいいのに」と、いい気持ちはしません。

もし相手に改めてほしいことがあるなら、もったいぶらずに、「改善してほしいことがあります。二つあって、一つは○○、もう一つは○○です」とはっきり言うほうが伝わります。

言いにくいことを言ったついでに、「そういえば、あれも直してほしいんだけど」と思い出しながらどんどん文句を加算していく人がいますが、他人にはただの愚痴の垂れ流しにしか聞こえません。

言いにくいことを言うときは、まず書き出して、これを言う目的は何かということを明確にして、自分の気持ちを整理してから言うようにしましょう。

☑「大丈夫です」

たとえば「水はいりますか?」と聞かれて、「大丈夫です」と答えると、「水がなくても大丈夫→水はいらない」という断りの意味なのか、「私は水が飲めます→水がほしい」という意味なのか、はっきりしません。

また、明らかに具合がよくない人に「大丈夫?」と聞くのも不自然です。言われたほうは「これが大丈夫なわけないでしょ!」と腹立たしく感じます。相手を気遣うなら、「ゆっくり休んでね」「お大事にしてくださいね」と、メッセージをはっきり伝えましょう。

☑「前にも言いましたが」

何か同じことを質問されたり、一度ならず指摘したことが改善されていないとき、こういう言い方をする人がよくいます。

口調がどんなに穏やかでも、「前にも言ったのに、覚えていないのかよ」というイラッと感がいなめません。

言われたほうも、「前っていつのこと？　さっき？　昨日？」と混乱します。

もし言うなら、「先週も言いましたが」とはっきり言いましょう。

☑「別に……」

かつて女優の沢尻《さわじり》エリカさんがレポーターの質問に「別に」と憮然と答えて大炎上しましたが、「別に」は、相手がイラッとする最強ワードです。

「何かご意見や質問はありますか？」「別に」

「イベントはいかがでしたか？」「別に」

たった一言で、相手との関係性を一気に悪くする破壊力満点です。

特に返す言葉がないなら、「特にありません」とか「思いついたら、言いますね」とはっきり言いましょう。

「リモート会議」は仕込みが命

（リモート会議って、ログインするまで家でのんびりできるから楽勝だよね）

そんなふうに考える人がいますが、とんでもありません。

リモート会議はテレビの生放送さながら、**「事前準備」**が不可欠です。

- **明日はこんな感じで進めたいのですが、いかがでしょう？**
- **外出の予定があり、カフェから参加させていただいてもよいでしょうか？**

僕はリモート会議前に、必ず各々が話す順番や時間配分などを書いて共有しておきます。

参加者から「このテーマを最優先で」などと要望があっても、事前調整しておけば、当日は限られた時間内に効率よく話しあえます。

また、リモート会議のときは自宅でもシェアオフィスでもカフェでも、なるべく静かなスペースを確保しておくことが必須条件です。

出先でリモート会議に参加する際は、周囲の雑音を低減化するノイズキャンセル機能付きマイクの用意も欠かせません。

雑音が気になって何度も聞き返したり、トンチンカンな受け答えをしていると、「この人ポンコツかも……」と次から呼ばれなくなってしまいますから。

テレビ映りならぬ、リモート映りに注意!

リモート会議の際は、テレビ映りならぬ、ＰＣやスマホの画面上での自分の映り方にも配慮しましょう。

映りを左右する決め手は**「照明」**です。

テレビでも、照明の当て方一つで「もはや別人じゃね?!」というほど出演者の印象が違って見えます。

僕はリモート用に顔色が明るく見える照明を使っています。

画面上で顔が暗く映ると、その人の印象までドヨーンとして見えますから。

カフェなど出先でリモート会議をする際も、自然光が入る窓際に座り、逆光で顔が暗くならないように気をつけています。

顔そのものは変えられませんが、光の当て方次第で印象操作できるのです。


準備が整ったら、当日は**「誰よりも早くログイン」**しましょう。

ここでモタついて参加者をイラつかせると、それまでの準備が台無しです。

リモート会議であなたの評価が爆上がりになるか、ダダ下がりになるか——すべては会議が始まるまでの仕込みで決まるのです。

リモート時のキャラ変に注意！

（普段はシュッとしてるのに、リモートだとずいぶんだらしないなぁ……）

自宅からのリモートだとつい気がゆるんでしまうせいか、このような印象を受ける人が時々います。

仕事関係者のキャラが急にブレると、ちょっと警戒しますよね。リモートでうっかりキャラ変して、損しないように気をつけましょう。

余談ですが、僕は本当はもう老眼なので、パソコンを見るときは近視用メガネのレンズを跳ね上げているのですが、リモート画面だと、事情の知らない相手には違和感を与えてしまいます。

そのため、リモート時だけわざわざ度無しメガネにかけ換えて、〝メガネの野呂さん〟キャラを死守しているほどです。

「キャラクター」で売る

テレビショッピングで有名な「ジャパネットたかた」の創業者・髙田明《たかたあきら》さんのMCは、相手の心をつかむたとえ話が上手です。

髙田明さんは、1990年代にラジオショッピングを行なったところ、わずか5分間で50台のコンパクトカメラが売れ、約100万円の売上を達成しました。

彼はテレビの通信販売を始める前に、商品が見えないラジオで、どうやって言葉だけで商品の魅力をわかりやすく伝えるかということを徹底研究したそうです。

彼のMCがウケるのは、**ターゲットユーザーの心に刺さる身近なたとえ話が絶**

妙だからです。

たとえば、カラオケ機器を紹介する場合、「お正月になったらお孫さんが家にやって来て、みんなで歌とか歌いたくなりますよね。なんと、このマイクには100曲も入っているんです。美空《みそら》ひばりさんの歌だけで30曲もあるので、おじいさん、おばあさんも楽しめます。お孫さんは、やっぱりＡＫＢですよね。今ならＡＫＢの最新曲と100曲分のソングブックもお付けして、このお値段！」

身近なたとえ話があると、「これがあれば、孫もきっと喜ぶだろうし、今年のお正月は盛り上がりそうだな」などと、その商品を自分が実際に購入して自宅で楽しんでいる様子が想像できます。

おそらく、多くの人はテレビショッピングを真剣に観ているわけではなく、食事をしながら、アイロンをかけながら、コーヒーを淹《い》れながら、〝ながら観《み》〟をしていると思われます。

髙田明さんはそのことをよく心得ているからこそ、ながら観でも耳に入ってくる易しい言葉と、身近な比喩を使って、簡潔にわかりやすく話すのです。

サイズを説明するときも、「直径15センチです」などと数字で言うのではなく、「親指ほどの厚みなので、ポケットにも余裕で収まります」「小さなお弁当くらいの大きさなんです」と、誰でも想像できるものにたとえます。

耳慣れない機能を説明するときも、「サイクロン式掃除機というのは、竜巻のようにグルグル回ってゴミを強力に吸い上げてくれるんです」と、子どもにもわかる比喩で、複雑な仕組みを簡潔にサラッと伝えてくれます。

家電商品の機能やスペックは、ユーザー向けに作られたメーカーのパンフレットやマニュアルを見ても、専門用語が多く、機械が苦手な人からは敬遠されがちです。でも、髙田明さんの言葉で説明されると、どの商品もすごく簡単に使える気がするから不思議です。

たとえモノの差別化は難しくても……

モノはどのショップで売っていても、基本的には同じモノです。

それでも、髙田明さんが紹介するとモノが売れるのは、**「売っている人に魅力がある」**から。裏を返せば、あなた自身に魅力があれば（「ウケる」も魅力の一つ）、**「あなたが勧めるモノやコトも応援されやすくなる」**ということです。

僕の母もよく、「こんなに一生懸命話してくれるから、私も髙田さんから買いたくなるの。この人の勧める商品なら、きっといいモノだし」と言います。

もしも髙田さんの売っている商品が自動販売機で売られていたら、少なくとも僕の母は買わないでしょう。

母同様に、多くの視聴者は、髙田明さんの明るくほのぼのとした人柄と、「あなたの人生にこれがあると、すごくハッピーですよ！」という、一方的に売り込もうとしないユーザー目線のスタンスに魅かれて、商品購入を決めるのだと思います。

10年以上前、僕が大阪・心斎橋《しんさいばし》を訪れたとき、並んで商売する2軒のたこ焼き屋がありました。なぜかいつも一軒は行列ができており、もう一軒はガラガラでした。

「何が違うんだろう?」と思い、試しに両店から買ってみたら、どちらも美味しく、味に大差はありませんでした。

ただ一つ違ったのは、売り手のキャラクターです。ガラガラの店の店主は、「いらっしゃいませ」とだけ言い、黙々とたこ焼きを作って売っていました。

一方、行列店の店主は、「ハイ、いらっしゃい、いらっしゃい。今できたてだよ」と賑《にぎ》やかで、並んでいるお客さんにいちいち「どこから来てん?」「修学旅行?」「カップル?」「付き合ってどれくらいなん?」などとせわしなくツッコミまくっていました。

僕が買ったときも、「東京から来たん?」「せっかくやし、青のりをいつもより多めに付けたるわ」「ソースもおまけしたるわ」と明るくノリノリ。

お客さんにしてみれば、ちょっとした質問でも、自分に興味を持ってもらえたと思えるし、ささやかなおまけでも、特別扱いをしてもらった気分になります。

モノに大差がなくても、売っている人のキャラクターで、ウケ方が大きく変わってくるのです。

独特の口上でお客さんを引き寄せる「バナナの叩き売り」や「ガマの油売り」も同じです。あるいは、保険の販売もキャバクラの指名も、同じです。

「この人から買いたい」「この人を指名したい」「この人にまた会いたい」

そう思われるようになれば、しめたものです。

あなた自身の魅力でモノが売れるような状況を作れば、何屋になっても成功できます。

5章

おもしろい！話し方で「何でも話のネタ」になる

「パクリ」をどんどん活用する

（素人《しろうと》がお笑い芸人の真似をしたって、芸人さんほどウケないし寒いよね）

そう思う人もいるでしょう。僕も昔はそう思っていました。

しかし、身なりをきちんとして印象をよくしてもうまくいかない人は、ウケることを追求した**「漫才やコントのお笑いネタをたくさん見る」**のがおすすめです。

なぜなら、お笑いにはパクれるヒントがいっぱいあるからです。

「パクリなんて、インチキなことはできない！」という人もいるかもしれませんが、パクリは日本古来の武道や茶道などを学ぶ際の鉄則である「守破離《しゅはり》」の精神に通じているのをご存知でしょうか。

守破離とは、修業における三つの段階を意味する言葉です。

「守」は、自分の師匠の教えを忠実に守って身に付ける段階。

「破」は、自分の師匠の教えの殻を破り、別の師匠の教えのよい点をとり入れて技を磨く段階。

「離」は、一つの流派から離れて独立し、独自の流儀を確立させる段階です。

つまり、初心者はまず完成度の高い人のスタイルのパクリから入り、成長するにつれて他の人たちからもいろいろパクリつつ、最終的には独自のスタイルを作ることで、道を極められるということです。

ウケ体質を作る最短の近道

ゴルフの腕を磨くときは、プロゴルファーのフォームを真似るのが早道。

料理の腕を磨くときは、プロ料理人のテクニックやレシピを真似るのが早道。

たとえば、あの大谷翔平選手は、松井秀喜《まついひでき》選手に憧れ、少年時代は練習に励んでいます。

1990年代に大ヒットしたドラマ『古畑任三郎《ふるはたにんざぶろう》』（フジテレビ系）は、三谷幸喜さんが1970～80年代に大ヒットしたアメリカのドラマ『刑事コロンボ』（NHKほか）の大ファンだったことから、その設定やストーリーをオマージュ的に踏襲した箇所が多いことで知られています。

ウケる技を磨くときも、「ウケてなんぼ」のお笑いのプロたちの芸を真似るのが早道なのです。


ちなみに、真面目な話をすると、プロを模倣《もほう》すると言っても、漫才やコントの場合、そのネタを作った人や演じた人に著作権があります。

そのままマルっとパクって営利目的で上演したり、上演を録画したものを動画サイトなどに公開する行為はすべて著作権侵害になります。

しかし、ネタ元を明確にして引用したり、ネタ元に敬意を表するパロディやオマージュだったり、私的な使用だったりであれば、著作権侵害にはなりません。

お笑いを学ぶならこのTOP3

お笑いから学ぶのにおすすめのTOP3は、**「サンドウィッチマン」「ナイツ」「パンクブーブー」**のコントです。

いずれも日常的なあるある話をテーマにしながら、微妙に話をずらして万人にウケるおもしろさにつなげていく展開が絶妙です。

彼らの鉄板ネタをヒントに、まったく別のシチュエーションにして転用すれば、ウケる可能性大です。

「これ、○○のコントで観たんだけどね」というお笑いネタの引用は、おもしろ動画のシェア同様、自分でおもしろいことをしなくても、「おもしろい人」認定されるので、自らおどけるのが苦手な人におすすめです。

YouTubeで検索すれば、彼らのお笑いネタをいろいろ視聴できます。ぜひチェックしてみてください。

「興味がない分野の記事」もチェック

ウケる話ができる人は、お笑いの他にもいろいろな情報に精通しています。政治の話でも、スポーツの話でも、エンタメの話でも、健康の話でも、一通りの情報をザックリでも把握。**どんな球でも打ち返す準備ができています。**

「自分は毎日スマホでラインニュースやヤフーニュースを見ていろいろな情報をチェックしているから、世の中の出来事はだいたい把握しているつもり」

と思っているかもしれませんが、そこに大きな落とし穴があるのです。

ネットニュースばかりだと情報が偏る

なぜなら、ネットではトップニュースに挙がっているものをはじめ、自分が興味のある記事しかクリックしませんよね？

世の中のことを広く見ているつもりでいても、実は自分の好みでピックアップした狭い範囲のものしか見ていないのです。

他の人も自分の見ている世界と同じ世界を見ていると思うのはとんでもない勘違いで、自分が「青」だと思って見ている世界が、他の人には「赤」に見えたり、「黒」に見えたりしているのです。

もっと客観的に世の中を見るには、自分が恣意《しい》的に選ぶ記事だけでなく、新聞や雑誌など、第三者が編集したメディアを片っ端から読む習慣をつけましょう。

ネットなら目当ての記事にピンポイントでアクセスできますが、新聞や雑誌を開けば、読みたい記事もある一方、それほど興味のない記事も視界に入ってきます。

そうした記事にも目を向けて読んでみると、自分の好きな記事だけを選んで読んでいるときより、視野がぐっと広がります。

また、通常は**男性が『たまごクラブ』や『ひよこクラブ』**（ベネッセコーポレーション）を読んだり、**女性が『週刊プレイボーイ』**（集英社）を読むことはほとんどありませんが、**だからこそ「少し知っている」だけでかなり珍しがられます。**

聞きかじりの情報こそ役に立つ

「○○さんは、テニスとかやりますか？」

「私はテニスのこと全然知らないんです……」

こんなふうに雑談が尻つぼみになったことはありませんか？

せっかくテニス好きな人が、打ち合わせの前に雑談で冒頭のように話題を振ってくれても、会話がプツンと終わってしまいますよね。

そのあとに本題の仕事の話になっても、相手とあまり打ち解けられません。

でも、普段から雑誌で少しでも情報を仕入れておくと、違ってきます。

「テニスのことはあまり詳しくはないんですが、最近、ヨネックスから出た新しいラケットが売れているって記事を見ました。なんか変わった形ですよね?」

と、相手の話に乗っかると、「そうそう、あのラケットはすごくてね!」と、会話が弾むし、何かに詳しい人から話を聞けば、それも有益な情報になります。

実際、僕は『たまごクラブ』の話題にもついていけますし、あまり興味のないワインやゴルフのトピックスなども、詳しくはないけれど知っています。

何でもかんでも知ったかぶりをして博識ぶる必要はありませんが、聞きかじりの知識でもあれば、相手から飛んできた球に、何かしらの返しができます。

どんな話題であっても、会話のラリーを続けられると、相手に「この人は話題豊富で楽しいな」と思われます。

書店で毎月毎週すべての雑誌を買うのは大変ですが、『dマガジン』なら、毎月580円で、数えきれないほどの雑誌を濫読《らんどく》できるのでおすすめです。

「知らない店」を開拓する

万人にウケる話題は、やはり**「食べ物のネタ」**です。

テレビ番組では食の話題は鉄板ですし、SNSでも友人の投稿に上がってくるのはだいたい食べ物の写真でしょう。

人間の三大欲求は食欲・睡眠欲・性欲ですが、最も頻度が高いのが食欲です。人は基本的に一日3回は食事しますから、1年に1000回以上は食事をすることになります。

食べることにまったく興味がなく、サプリメントで栄養を補っているような人も中にはいますが、かなりレアケースです。

食べ物の話題は、永遠の鉄板ネタ

自分で料理するにせよ、外食するにせよ、食事をテーマにした話には、多くの人が自然に食いつきます。

また、ビジネスランチやビジネスディナーのように、仕事でも食事がらみのコミュニケーションはつきものです。

意中の相手をデートに誘うときも、**「恵比寿に美味しいイタリアンを見つけたので、今度食事でもいかがですか?」**などと言えば、よほど嫌われていない限り、「食事なら」と、相手も気軽に応じやすくなります。

人と食事するときは、よほど冷え切った夫婦でもない限り、何かしら会話をしますから、会議室で缶コーヒーを飲みながらミーティングをしているときより、自然とコミュニケーションが活発になります。

会話が弾んで意気投合すれば、「今度、こんな会があるんだけど、よかったら一緒に行きませんか？」などと誘われるので、ネットワークが広がるいい機会にもなります。

いつものメニューより「シェフのおまかせ」

食の話題を豊富にするためには、行きつけの店で、いつも同じメニューを頼んだり、ブッフェで好きなものだけを皿に盛っていてはいけません。

今まで行ったことのない店で、「シェフのおまかせ」とか「本日のわがままプレート」など、自分の未知の料理に積極的にトライしましょう。

僕はアシスタントに雑誌で話題の店をチェックしてもらい、毎月1回、自分の行ったことのない店に食べに行く機会を設けています。

「食べログ」などを見れば、ある程度のイメージはつかめますが、自分が実際に行って食べてみたこともない店に大切な人を誘うわけにはいきません。

月に一度でも、1年に12軒は新たな店をチェックできます。

そのうえで、「ここはビジネスでも使える」「ここはプライベートなら使える」「ここは二度と来ない」などと決めています。

もちろん、食の話題は、相手との話を盛り上げるとっかかりにすぎません。自分のグルメ自慢をしたり、マニアックな食通ぶりをアピールしても、他人にはイヤミなだけです。

・スイーツ通なんですね。今話題のモンブランの専門店、知ってます？
・超肉食なんですね。テレビで紹介されたこの熟成肉の店がおすすめですよ

などと、まずは相手の嗜好《しこう》を考慮して、食の話題を切り口に話を展開していくと、会話が自然に盛り上がり、ウケます。

「過去の歴史」から多くを学ぶ

・もしも徳川家康が総理大臣になったら……
・秀吉が信長の草履《ぞうり》を温めて出世した、という話に通じるところがあって……

骨太のビジネスパーソンは、**「歴史の話が好き」**です。

経営者がよく購読している『PRESIDENT』(プレジデント社)のような雑誌にも、歴史の話が必ず載っています。

歴史というと、古く堅いイメージがあるかもしれませんが、戦国時代から江戸時代に至る下克上《げこくじょう》の流れや、幕末の激動の時代の歴史を紐解くと、立身出世術や人心掌握《しょうあく》術、交渉術など、参考になることが多いものです。

「歴史はくり返す」とよく言われますが、現代も、400年前も、1000年前も、人間の本質は変わりません。

ビジネスパーソンは歴史ネタが大好き

多くのビジネスパーソンが本田宗一郎《ほんだそういちろう》や松下幸之助《まつしたこうのすけ》やスティーブ・ジョブズからビジネスのヒントをいろいろと学ぶように、**「織田信長」**や**「坂本龍馬」**のような歴史上の人物からも学べるポイントがたくさんあるのです。

僕が特にケタ違いにすごいと感じるのは**「徳川家康」**です。家康は最後の最後まで粘り強く考えて行動し、感情でものごとを動かしません。

たとえば、宿敵の石田三成が伏見城に助けを求めて逃げてきたときも、「飛んで火にいる夏の虫」であるにもかかわらず、逃げてきた敵を討つと、のちに卑怯《ひきょう》者呼ばわりされると考え、丁重《ていちょう》に大坂城に送り届けています。

主君の織田信長に反旗《はんき》を翻《ひるがえ》して卑怯者呼ばわりされた明智光秀は、秀吉に討たれ天下を獲ることなく散りましたが、家康の場合はその場限りの勝ち負けではなく、徳川家の未来を見据えて判断しているのがすごいところです。

このあたりの歴史や人間ドラマを学ぶのにもってこいなのが、「NHKオンデマンド」でも視聴できるNHK大河ドラマ『葵《あおい》 徳川三代』です。

この作品は、大河ドラマの最高傑作だと僕は思っています。徳川家康、秀忠、家光の徳川三代にスポットを当てながら、関ヶ原の戦いから、豊臣家の没落、徳川幕府樹立の過程の人間ドラマが絶妙に描かれています。2000年に放映された作品ですが、ハイビジョン映像で撮影されていますし、そもそも古い時代の話なので、古さを感じることはありません。

書籍では、出口治明《でぐちはるあき》さん（立命館アジア太平洋大学学長特命補佐、ライフネット生命保険株式会社創業者）が『週刊文春』に連載していた歴史コラムをまとめた『0から学ぶ「日本史」講義　古代篇』（文藝春秋）がおすすめです。

また、経営者や大学教授、スポーツ指導者などによく愛読されている定期購読専門の月刊誌『致知《ちち》』（致知出版社）にも、歴史に関する興味深い記事が出ています。この雑誌は、ジャンルを問わず各界で一道を切り拓いてきた人物が毎号紹介されており、そうした人たちの歴史からも学ぶことがあります。

『三国志』などは読むのが大変なので、横山光輝《よこやまみつてる》さんの漫画『三国志』（潮出版社）で学ぶのが早道です。

戦争は究極の言葉のやりとり。これを読むと、命令の仕方をちょっと誤っただけで、兵士のモチベーションが失せたり、大敗してしまうということがよくわかります。

明智光秀はほめないのがベター

歴史を学ぶと言っても、全世界の歴史を学ぶとなると、膨大なので、まずは日本史から学ぶのがおすすめです。

ちなみに、歴史上の人物にも人気者と嫌われ者がいます。

特に経営者には、幕末の転換期にイノベーションを起こそうとした坂本龍馬の人気が高く、**主君を裏切って処刑された「明智光秀」は不人気**です。

ビジネスの世界では卑怯な裏切り者が一番嫌われるのです。

歴史の話題をするときは、坂本龍馬のことはけなさず、明智光秀のことはほめないほうが、ウケがいいと言えます（明智光秀は2023年のNHK大河ドラマ『どうする家康』にも出ましたが、あい変わらず厳しい感じです……）。

間違っても、龍馬を敬愛してやまない経営者の前でうっかり龍馬を罵《ののし》ったり、光秀を擁護する発言をしないようにしましょう。険悪なムードになることがあります。

思いついたら「とにかくメモメモ」

僕は若い頃から、思いつくことは何でもメモするクセがあり、手書きメモがノートにびっしり書いてある〝ネタ帳〟を持って会議や打ち合わせに臨んでいます。

昔は今と違って会議でうまく話せなかったので、会議中にビビると、そのネタ帳をパラパラ眺めながら、「あ、今の話題は、この情報と関係あるな」「このアイデアは使えるかも」と、ネタを拾って自分に助け舟を出していました。

最初は手ぶらで出席していたのですが、**限られた時間内にいろいろな提案をしたり、中身の濃い発言をするには、手元が白紙の状態より、ネタが豊富にあったほうが有利**だと気づいたのです。

ネタ帳のノートには、ニュースでも、人の話でも、自分がふと思いついたことでも、気になったことは何でもランダムにメモしていました。

今はスマホのメモを利用して、1200以上の書き込みをしています。それだけ数があると、探すのが大変なので、会社名やテーマごとに分けてファイリングしています。

困ったときの「助け舟」になる

(この話題は前に読んだことがあるはずだけど、何の記事だったかな……?)

(昨晩、すっごくいいネタ思いついたんだけど、何だったっけ……?)

常に複数の案件を手掛けていると、すべてを記憶しておくのは至難の業です。しかし、それではどんなにいい情報やネタがあっても、いざというときに使えません。

うろ覚えの情報を再発掘するのにムダな時間がかかりますし、せっかく思いついたいいネタを忘却の彼方に失ってしまうのはとてももったいないことです。

でも、普段からネタを**「スマホのメモにファイリング」**しておけば、たとえばA社に関連したネタなら、A社のファイルを見れば一目瞭然です。

ネタをゼロベースでひねり出すより、積み上げてあるネタを効率よくブラッシュアップできます。

iPhoneのメモにはスキャニング機能も付いているので、雑誌や新聞の気になる記事をスキャンして貼っておけば、「そういえば、最近こんなおもしろい情報がありましてね」などと、ちょっとした雑談タイムにも、気の利いた話題を提供できたりします。

スマホは持ち歩けるので、インプットもアウトプットもスムーズですし、バックアップも取れるので安心です。

言うなれば、スマホのメモは必要なときに情報をサッと引き出せる〝もう一つの脳みそ〟なのです。

使えそうな情報やネタを書き込むことで、自分自身の記憶に残りやすくなりますし、あとで見たときに「このネタ、やっぱいいねぇ！」と、自分のネタに客観的に感動することもあります。

新人や初心者は、スマホに思いついたことは何でもメモする習慣をつけるようにすると、いざというときにサラッとウケるトークができます。

やりたいことを書き出すと年収が上がる

ネタや情報の他に、自分のやりたいことやほしいもの、具体的な目標も、メモする習慣をつけることをおすすめします。

僕は10年ほど前から、毎朝、そうした自分の書き出した**「目標メモリスト」**を忘れないようにチェックしています。

実際にその目標が実現したら、赤で消します。すると、リストがどんどん真っ赤になっていくので、達成感が得られます。

ダイエットの体重管理などにも言えますが、日々の変化は微々たるものでも、目標とその達成度を「見える化」することで、目標達成へのモチベーションが上がります。

ハーバード大学が1979～1989年にかけて学生たちに行った目標に関するアンケート調査では、驚くべき実験結果が得られました。

まず、目標の有無について、目標を持っていない学生は84％、目標を持っているけれど、紙に書いていない学生は13％、目標を持っていて、紙にも書いている学生は3％でした。

10年後、社会人となった彼らの平均年収を追跡調査すると、目標を持っているけれど、紙に書いていないと答えた人の平均年収は、目標を持っていないと答えた人たちの2倍もありました。

さらに、目標を持っていて、紙にも書いていると答えた3％の人たちの平均年収は、残り97％の人たちの平均年収の10倍もあったそうです。

目標を明確に持ち、それを具体的に書き出すことで、目標達成意欲が高まり、それによって実際にその目標をクリアする確率も上がります。

結果的に、よりギャランティの高い職業や仕事に恵まれる――つまりウケるのだと思います。


ネタをメモしたり、やりたいことを書き出したりしておくことは、夏休みの最後の日にあわてて日記を書くように一気にやるものではありません。

日々、世の中のさまざまなことにアンテナを立てながら、コツコツと積み上げていくものです。

ムリして三日坊主になっては意味がないので、まずは自分のできる範囲で地道にメモする習慣をつけましょう。

「能力不足」を自覚して努力する

（聞こえのいいことばっかり言って……）
（なんだあいつ、上司に媚び売ってかわいがられて……）
（あいつのほうがウケるなんて、くやしい……！）

声に出して言わなくても、心の中でそんなことを考えたことがある人は少なくないと思います。

僕も負けず嫌いなので、昔はライバルが活躍すると、胸の奥で嫉妬《しっと》の炎をメラメラ燃やしていました。

若いときには、カチンと来ると、相手をあからさまに〝口撃《こうげき》〟することもありました。

嫉妬に狂うと、ますますウケなくなる

しかし、あるとき、自分にない能力を相手が持っているからといって、それに嫉妬することの愚《おろ》かさに気づきました。

自分より秀《ひい》でた人に対して強烈な敵対心を抱いたり、嫉妬してイラつくと、自分のペースが狂ってしまって冷静さを欠いてしまうので、焦って自分の能力をうまく発揮できなくなります。

嫉妬で我を失っている人は、表情も引きつって怖い顔になるので、周囲にもあまりいい印象を与えませんし、ウケるどころではありません。

もやもやと濁った心を抱えていては、雑念が邪魔して集中力も欠如するので、よいアイデアも出ません。その結果、よい成績を残すことができなくなります。

これでは、ますます能力の高い人との差が開いてしまうだけです。

嫉妬の悪循環の落とし穴にはまらないためには、**嫉妬を肥やしに、努力すればいいのです。**

能力の高い人の行動を真似してみるのも一つの方法です。

嫉妬心をコントロールするのは難しいことですが、嫉妬するほど優れた相手と自分の能力の差を努力で埋めることができれば、嫉妬の炎も自ずと鎮火します。

勝利の女神は「自分を見失わない人」が大好き

2018年9月に行なわれたテニスの4大大会「全米オープンテニス」で、絶対女王のセリーナ・ウィリアムズ選手が、20歳の大坂《おおさか》なおみ選手に敗北しました。

このときのセリーナは、自分のラケットを力任せに破壊するほど主審への抗議で怒り狂っていました。

一方、大坂選手はコーチの教えを守り、集中力を保つために会場中がどよめいている騒ぎから背を向け、独り静かに壁をじっと眺めていました。

大坂選手にとって、セリーナは対戦相手とは言え、少女時代から超憧れの人であり、決して嫉妬の対象ではありませんでした。

結果、嫉妬とは無縁の大坂選手が新女王の座に輝き、日本はもちろん、世界中から、セリーナを凌駕《りょうが》する能力の高さと、対戦相手を最後までリスペクトする人間性が高く称賛されました。

負けず嫌いの闘争心は向上心につながりますが、自分のペースが崩れるほどの敵対心や嫉妬心は、結果的に勝利の女神を遠ざけます。

勝利の女神にウケるには、嫉妬など忘れるほど自身を切磋《せっさ》琢磨《たくま》するに尽きます。

「受け売り」を言わない

「これからの時代は〝クリエイティビティ〟がないと生き残れませんよ」
「これからは〝デジタル人材〟の育成が欠かせませんよ」

人の言ったことを、あたかも自分の言葉のように語る人がいますが、これは、ウケない人の得意ワザです。**こんな受け売りを言ってしまっては、説得力がありません。**

お笑いのプロの真似はしたほうがいいですが、突出したオピニオンリーダーの言葉をそのまま受け売りで言ったところで、それなりに経験を積んできた人には

「この人は中身が伴っていないな」と、即見透かされてしまいます。

昨今はイーロン・マスクやスティーブ・ジョブズを尊敬している若者が多く、よく彼らの受け売りを耳にする機会も増えています。

「イーロン・マスクも言っていますけど〝まずは、起業すること〟じゃないっすかね。〝公算はそのあとからついてくるもの〟ですから」

「やっぱりジョブズの言う〝マイクロマネジメント〟ですよ」

そんなことを、起業や会社経営の経験もない人にしたり顔で言われても説得力ゼロです。

確かにジョブズは細部までマネジメントをする〝マイクロマネジメント〟にこだわったことで有名です。

でも、それはプロダクトに対して「もっと改良の余地があるのではないか」と、細部まで妥協を許さなかっただけです。

これを勘違いして、新人が組織やチームのマネジメントにまで口を出すのは本末転倒です。

180ページで、お笑い芸人のネタやスタイルを真似ようと言いましたが、自分の立場もわきまえず、身のほど知らずな受け売りの言動をするのはお門違いです。

かく言う僕も、若いときには松下幸之助や本田宗一郎、ジャック・ウェルチみたいな錚々《そうそう》たる成功者たちの本に影響されまくって鼻息を荒くしていました。

でも、老境の域に達した世界的な経営者の持論を、駆け出しの20代の自分がそのまま受け売りしてみてもムリがあることに気づいたのです。

受け売りで人の心は動かせない

あの孫正義さんも、高校生のときに司馬《しば》遼太郎《りょうたろう》さんの『竜馬がゆく』(文春文庫)の脱藩論に影響されて渡米を決意したそうです。

また、日本マクドナルド創業者の藤田《ふじた》田《でん》さんの著書『ユダヤの商法――世界経済を動かす』(ベストセラーズ)に感銘を受けて、藤田さんにアメリカで何を学ぶべきか直接アドバイスをもらいに行ったという逸話の持ち主です。

でも、孫さんは本の受け売りをしたわけではありません。

尊敬する人の教えを単なる受け売りに終わらせず、面と向かって教えを乞《こ》うために、何度も門前払いを受けながらも、藤田さんに手紙をしたためて粘り強くアプローチしています。

そのひたむきさに根負けした藤田さんは、「15分だけなら」と、見ず知らずの高校生の孫さんとの異例の面会に応じました。

「私の時代は戦後間もない時代だったから食物に目を付けたけれど、今は食物が豊富にある時代だから、アメリカではコンピュータを学びなさい」

このときの藤田さんのアドバイスが、その後の孫さんの大成功につながっていると言っても過言ではありません。

孫さんが行なったのは、うわべの受け売りではなく、**本質の追求**です。

何の実績もない人が今の孫さんの受け売りをして、「〝10秒考えてわからないものは、それ以上考えてもムダ〟ですよ」とか、「〝検討中という言葉は禁止〟ですよ」などと会議で言い放てば、「お前はナニサマだ!」と、たちまち鼻つまみ者になってしまいます。

そうなれば、もはや何を言ってもウケません。

孫さんに憧れるなら、若い頃の孫さんのひたむきさを真似るべきです。

ビジネスの世界では、成功者の言葉や方法論の一部だけを切り取って論じても、魂が入っていなければ相手の心は1ミリも動きません。

憧れの人の単なる受け売りからは何も生まれませんが、憧れの人から何を学ぶべきかを見極めて行動すれば、いずれ自分も憧れの人の域に近付けます。


〈了〉

本書は、総合法令出版より刊行された『ウケる話し方』を、文庫収録にあたり加筆・改筆・再編集のうえ、改題したものです。

「おもしろい！」と思《おも》われる話《はな》し方《かた》のコツ

著者　野呂エイシロウ（のろ・えいしろう）
発行者　押鐘太陽
発行所　株式会社三笠書房

〒102-0072 東京都千代田区飯田橋3-3-1
電話　03-5226-5734（営業部）03-5226-5731（編集部）
https://www.mikasashobo.co.jp

印刷　誠宏印刷
製本　ナショナル製本

ISBN978-4-8379-3082-2 C0130

王様文庫

王様文庫

使えば使うほど好かれる言葉

川上徹也

たとえば、「いつもありがとう」と言われたら誰もがうれしい！　◎会ったあとのお礼メールで⇩次の機会も「心待ちにしています」　◎お断りするにも⇩「あいにく」先約がありまして……人気コピーライターがおしえる「気持ちのいい人間関係」をつくる100語。

気くばりがうまい人のものの言い方

山﨑武也

「ちょっとした言葉の違い」を人は敏感に感じとる。だから……　◎自分のことは「過小評価」、相手のことは「過大評価」　◎「ためになる話」に「ほっとする話」をブレンドする　◎「なるほど」と「さすが」の大きな役割　◎「ノーコメント」でさえ心の中がわかる

ずるい話し方

ココロ社

こんな言葉で返せたら神対応！　本書が提唱する「感じのよい日本語」「話のもっていき方」で、ずるいくらい仕事がスムーズに運びます！　◎「メンツを立てる」だけで9割うまくいく　◎「聞こえのよい言葉」で要求を通す法　◎オススメの「言い負かされセリフ」ベスト3

K30660